Kauderwelsch
Band 143

Glitzernde Leuchtreklame

Impressum

Elfi H. M. Gilissen
Amerikanisch – Wort für Wort
erschienen im
Reise Know-How Verlag Peter Rump GmbH
Osnabrücker Str. 79, D-33649 Bielefeld
info@reise-know-how.de

Umschlag Peter Rump (Coverfoto: Wolfram Schwieder)
Layout Elfi H. M. Gilissen
Layout-Konzept Günter Pawlak, FaktorZwo! Bielefeld
Fotos Wolfram Schwieder (WS), Fotografen@Fotolia.com (Nachweis am jeweiligen Foto)
Kartographie Iain Macneish
Gesamtherstellung Himmer GmbH Druckerei & Verlag, Augsburg

ISBN: 978-3-8317-6531-7
Printed in Germany

Wer im Buchhandel kein Glück hat, bekommt unsere Bücher auch direkt über unseren Internet-Shop:

www.reise-know-how.de

Die Internetseiten mit Aussprachebeispielen und der Zugriff auf diese über QR-Codes sind eine freiwillige, kostenlose Zusatzleistung des Verlages. Der Verlag behält sich vor, die Bereitstellung des Angebotes und die Möglichkeit der Nutzung zeitlich und inhaltlich zu beschränken. Der Verlag übernimmt keine Garantie für das Funktionieren der Seiten und keine Haftung für Schäden, die aus dem Gebrauch der Seiten resultieren. Es besteht ferner kein Anspruch auf eine unbefristete Bereitstellung der Seiten.

Der Verlag möchte die **Reihe Kauderwelsch** weiter ausbauen und **sucht Autoren!** Mehr Informationen finden Sie unter ***www.reise-know-how.de/verlag/mitarbeit***

Kauderwelsch

Elfi H. M. Gilissen

Amerikanisch

Wort für Wort

To Rosa & Alfons Gilissen,
Lynne, Allyson & Dana Gillette:
Thanx for making it possible!

Kauderwelsch heißt:

- Schnell mit dem **Sprechen** beginnen, auch wenn nicht immer alles korrekt ist.
- Von der **Grammatik** wird nur das Wichtigste in einfachen Worten erklärt.
- Alle Beispielsätze werden doppelt ins Deutsche übertragen: erst **Wort-für-Wort,** dann in normales Deutsch. Die Wort-für-Wort-Übersetzung hilft, die neue Sprache schneller zu durchschauen, außerdem lassen sich dadurch leichter einzelne Wörter im fremdsprachigen Satz austauschen.
- Es geht um die **Alltagssprache,** also das, was man tatsächlich auf der Straße hört.
- Die **Autoren** sind entweder Reisende, die die Sprache im Land selbst gelernt haben oder Muttersprachler.

Kauderwelsch-Sprachführer sind keine Lehrbücher, aber viel mehr als traditionelle Reisesprachführer. Wer ein wenig Zeit investiert, einige Vokabeln lernt und die Sprache im Land anwendet, wird **Türen öffnen,** ein Lächeln ins Gesicht zaubern und reichere Erfahrungen machen.

Talk to each other!

Kauderwelsch zum Anhören

Einzelne Sätze und Ausdrücke aus diesem Buch können Sie sich **kostenlos anhören.** Diese **Aussprachebeispiele** erreichen Sie über die im Buch abgedruckten QR-Codes oder diese Adresse: www.reise-know-how.de/kauderwelsch/143.

Die Aussprachebeispiele im Buch sind Auszüge aus dem umfassenden Tonmaterial, das unter dem Titel **„Kauderwelsch Aussprachetrainer Amerikanisch"** separat erhältlich ist – als Download über Online-Hörbuchshops (ISBN 978-3-95852-006-6) oder als CD im Buchhandel (ISBN 978-3-8317-6197-5).

Beide Versionen erhalten Sie auch über unsere Internetseite:

- **www.reise-know-how.de**

Alle Sätze, die Sie auf dem Aussprachetrainer hören können, sind in diesem Buch mit einem gekennzeichnet.

Inhalt

Manhattan mit Freiheitsstatue

Vorwort

Wozu Amerikanisch lernen – da spricht man doch Englisch, oder?! Richtig – aber es ist doch anders als das, was man in der Schule gelernt hat. Fährt man nur nach New York, Boston oder auch San Francisco, wird man Ihr eher britisches Englisch belächelnd verstehen. Je mehr Sie aber in den Süden oder ins Landesinnere vorrücken, desto weniger werden Sie verstehen können, und desto weniger werden Sie verstanden werden. Amerikanisch ist eben doch anders als Englisch – vor allem die Aussprache und der Gebrauch der Wörter. Doch es gibt noch mehr Gründe, sich intensiver auf einen Besuch in Amerika vorzubereiten. In dem Land der unbegrenzten Möglichkeiten darf man sich nämlich oft weitaus weniger Freiheiten herausnehmen als in Europa. Damit Sie nicht unvorbereitet in so manches Fettnäpfchen treten, verrate ich Ihnen im Konversationsteil, wie Sie einen Kulturschock in Amerika vermeiden können. Vorurteile, wie z. B., dass alle Amerikaner oberflächlich seien oder dass es dort keine Esskultur gebe, werde ich Ihnen auch gerne ausreden, damit Sie bei Ihrem Besuch nicht ständig am hotdog stand oder bei fast food restaurants hängen bleiben und sich dann hinterher über das schlechte Essen in Amerika beschweren.

Have fun! *Elfi H. M. Gilissen*

Hinweise zur Benutzung

Der Kauderwelsch-Sprachführer besteht aus drei Teilen: aus Grammatik, Konversationsteil und einer Wörterliste (Deutsch – Amerikanisch und Amerikanisch – Deutsch).

Der Grammatikteil fasst sich kurz, bringt Ihnen aber alle wichtigen Strukturen eines amerikanischen Satzes nahe. Jeder Satz ist Wort-für-Wort übersetzt. Diese Wort-für-Wort-Übersetzungen begleiten Sie durch das Buch und helfen Ihnen, die Satzstruktur leichter zu durchschauen und selbst andere Wörter aus den Themenfeldern im Konversationsteil einzusetzen.

Amerikanisch	**I'd like some of this / that, please.**
Lautschrift	eid leik ßam^{e}v dhiß / dhät pliis
Wort-für-Wort	*ich'würde mögen manche von dieses / jenes bitte*
Deutsch	Ich hätte gern etwas hiervon / davon, bitte.

Wörter, die im amerikanischen Satz mit einem Apostroph verbunden sind, sind auch in der Wort-für-Wort-Übersetzung apostrophiert. Zwischen zwei Wörtern, die man miteinander austauschen kann, steht ein Schrägstrich /.

Im Konversationsteil finden Sie alle wichtigen Sätze aus der Alltagssprache der Amerikaner, geordnet nach Gesprächssituationen, die für Reisende von Bedeutung sind, sowie interessante Hintergrundinformationen über die amerikanische Kultur.

Zahlen

Um den Umgang mit Zahlen zu erleichtern, ist auf jeder Seite die Seitenzahl auf Amerikanisch und in Lautschrift angegeben!

Die Lautschrift zeigt Ihnen, wie man das Amerikanische ungefähr richtig ausspricht – ebenso wie im britischen Englisch gibt es unzählige Arten, ein und denselben Buchstaben auszusprechen. Daher gibt es für jedes Wort und jeden Satz zusätzlich eine Lautschrift.

Die Umschlagklappe hilft, die wichtigsten Sätze und Formulierungen stets parat zu haben, die man mit den Vokabeln aus den einzelnen Kapiteln kombinieren kann. Dort finden sich außerdem schnell die wichtigsten Angaben zur Aussprache und eine kleine Liste der wichtigsten Fragewörter, Richtungs- und Maßangaben, sowie eine Karte der USA. Wer direkt nach seiner Ankunft noch Verständigungsprobleme hat, kann sich erst mal mit „Nichts verstanden? – Weiterlernen!" aus der Umschlagklappe über Wasser halten.

Unterschiede zum Britischen

Dieses Kapitel hilft Ihnen, wenn Sie bereits Englisch in der Schule gelernt haben und jetzt nur noch wissen müssen, was Sie in den USA so nicht sagen können oder anders aussprechen sollten. Für die Unterschiede im Wortschatz und Wortgebrauch kann ich Ihnen keine Regeln nennen. Diese müssen Sie sich einfach merken. Aber was die Schreibweise anbelangt, so kann man sogar ein paar Regeln für die Unterschiede nennen:

Unterschiede zum Britischen

Schreibweisen

	Amerikanisch	Britisch
-or statt -our (unbetont)	**color – favorite**	**colour – favourite**
-ll statt -l (betont)	**fulfill – skillful**	**fulfil – skilful**
-l statt -ll (unbetont)	**traveled – equaled**	**travelled – equalled**
-og statt -ogue	**catalog – dialog**	**catalogue – dialogue**
-ck statt -que	**check**	**cheque**
-ense statt -ence	**defense – license**	**defence – licence**
-ze statt -se	**analyze – memorize**	**analyse – memorise**
-er statt -re	**center – theater**	**centre – theatre**
-e statt -oe / -ae	**encyclopedia – maneuver**	**encyclopaedia – manoeuvre**
ohne Endungs-e im Wortstamm (judge) statt mit	**judgment**	**judgement**

Darüber hinaus gibt es einige, deren Regeln nicht so einfach zusammenzufassen sind.

	Amerikanisch	Britisch
Die Schreibweisen lite und nite sind im Amerikanischen etwas flapsige Varianten der üblichen englischen Wörter, kommen aber z. B. in der Werbung sehr häufig vor.	**jewelry – specialty**	**jewellery – speciality**
	pajamas – tire	**pyjamas – tyre**
	program	**programme**
	donut – thru	**doughnut – through**
	lite – nite	**light – night**

Die Bildung des Partizip Perfekt kann im Amerikanischen vom britischen Gebrauch abweichen. Drei wichtige Beispiele:

	Grundform	Amerikanisch	Britisch
regelmäßiges -ed statt -t	**learn**	**learned**	**learnt**
unregelmäßig statt -ed	**proved**	**proven**	**proved**
beide unregelmäßig	**get**	**gotten**	**got**

Wortgebrauch

Hier sehen Sie ein paar typische Unterschiede im Wortgebrauch zwischen Amerikanern und Briten.

Deutsch	Amerikanisch	Britisch
Wohnung	**apartment**	**flat**
Pflaster	**band-aid**	**plaster**
Toilette	**bathroom**	**toilet**
Windel	**diaper**	**nappy**
Radiergummi	**eraser**	**rubber**
Taschenlampe	**flashlight**	**torch**
Wackelpudding	**jello**	**jelly**
Ferien	**vacation**	**holiday**

Für den Amerikaner haben die jeweiligen britischen Wörter aber diese Bedeutungen:
flach
gipsen
Toilette (aber unhöflich)
von napkin *= Serviette*
Kondom, Gummi
Fackel
Marmelade
Feiertag

Aussprache

Bei diesen Beispielen ist zwar die Schreibweise gleich, aber die Aussprache unterschiedlich.

	Amerikanisch	Britisch
advertisement	ädvörteism^{e}nt	ädvöötißm^{e}nt
secretary	ßekr^{e}terii	ßekr^{e}trii
tomato	t^{e}mejdow	t^{e}maatow
recess	riißeß	rißeß
writer	reid^{e}r	reit^{e}
morning	moornin(g)	mooning
herb	öörb	hööb
new	nuu	njuu
privacy	preiv^{e}ßii	priv^{e}ßii
fillet	filej	filit
schedule	ßkedshuul	schedjuul

m, n *und* ng *bewirken im Amerikanischen, dass benachbarte Vokale richtig schön nasal ausgesprochen werden, im Britischen tun sie dies nicht.*

Die Dialekte in den USA

Wenn man sich die Größe der Vereinigten Staaten mit 9.826.630 km² und über 300 Millionen Einwohnern anschaut, kann man sich vorstellen, dass die Bewohner unmöglich eine homogene Sprache sprechen können. Die turbulente Geschichte Amerikas hinterließ in jedem Teil des Landes ihre deutlichen Spuren auch im sprachlichen Bereich. Im Nordosten ließen sich die ersten aus Europa Flüchtenden nieder, vorwiegend Briten, Niederländer, aber auch Deutsche, Dänen, Schweden – eher konservative Völker, die sich ein zweites, besseres Europa in Amerika aufbauen wollten. Nicht umsonst heißen die Bundesstaaten des Nordostens *Neu-England*, und die hier gesprochene Sprache ist dem Britischen am ähnlichsten. Mit der Entwicklung der Industrie im Norden, dem Land der Yankees, breitete sich der Dialekt der Nordstaatler zwischen Kanada, dem Mittleren Westen und der Grenze zu den Südstaaten aus.

Northern
noor~~dh~~ern
Nord-

Das industrielle Herz Amerikas an den Großen Seen. Hier lebt ein großer afro-amerikanischer Bevölkerungsanteil. Diese waren aber keine Sklaven, sondern freie Bürger – Arbeiter in den Fabriken der nordamerikanischen Yankees.

Midland
midlend
Mittel-Land (zwischen Nord- und Südosten)

Das Gegenstück zum Yankee-Land, the Good Ol' South ~~dh~~e guudowl ßau~~th~~ – der „gute alte" Süden – wurde teilweise von Franzosen re-

Southern
ßa~~dh~~ern
Süd-

giert, die aus Afrika entführte, gekaufte schwarze Sklaven zur Arbeit auf den Baumwollfeldern einsetzten. Hier liegt die Wurzel der Rassenkonflikte. Das afrikanisch-französische Gemisch hat hier am deutlichsten seine Spuren im amerikanischen Dialekt hinterlassen. Hier nennt man das Weißbrot light bread leitbred (ist aber nicht kalorienarm), lightwood leitwud ist das, was man eigentlich kindling kindling *(Feuerholz)* nennt, und low low ist für die Südstaatler das Muhen der Kuh. Man benutzt das „r" am Silbenende zur Längung des davor stehenden Selbstlautes, wie in car kaa(h) *(Wagen)*, card kaad *(Karte)*, beer bii^{e}(h) *(Bier)*. Beim „ng" am Wortende hört man bereits nach dem „n" auf, wie in workin' wöökin *(arbeiten)*, fishin' fischin *(fischen)*, mornin' mownin *(Morgen)*, nothin' nathin *(nichts)*. Das „i" wird genauso wie das „e" ausgesprochen, und man kann somit Wortpaare wie z. B. pin *(Anstecknadel)* – pen pen *(Kugelschreiber)*, him *(ihm / ihn)* – hem hem *(räuspern)*, since *(seit)* – sense ßenß *(Sinn)* nur noch durch den Kontext auseinander halten.

Western weßt^{e}rn *West-*

Der trockene Westen des Binnenlands, westlich der Rocky Mountains von der mexikanischen bis zur kanadischen Grenze, ist geprägt von der Goldgräberzeit, der Vertreibung der Indianer von ihrem eigenen Land, den geflüchteten religiösen Gruppen, der Nähe zu Mexiko und vom Erdöl. Der kulturelle Hintergrund dieser Siedler war sehr unterschiedlich, und die Sprachen, die sie mitbrachten, waren es noch mehr. Hier kommt der echte

Cowboy her, der Rancher. Man spricht mit breitem „Kaumgummi-Akzent" (drawl draal), die Silben werden in die Länge gezogen. Dabei kommt das amerikanische „r" so richtig zur Geltung.

Die Westküste am Pazifik jagte immer neuen Träumen nach – als Traumfabrik Hollywood und seit den 1960er Jahren als Ursprung alternativer, gesellschaftskritischer Bewegungen im weißen Amerika: Hippies, Emanzipation, Gay-Pride (New York brachte dagegen eher die schwarzen gesellschaftskritischen Bewegungen hervor). Hier leben diejenigen, denen Neu-England zu spießig geworden ist, und die ihr Glück im Weinanbau, der Filmindustrie oder der Computerbranche suchten. Das Amerikanisch der Westküste ist nicht ganz so extrem wie das im Landesinneren.

Wenn Sie die extremeren Dialekte einmal so richtig heraushören möchten, ohne gleich in die USA zu fahren, kann ich Ihnen folgende Filme im englischen Original empfehlen:

Steel Magnolias, von Herbert Ross, mit Julia Roberts, Olympia Dukakis, Dolly Parton, Shirley MacLaine, Sally Field und Daryl Hannah. Einer der besten Filme, um den zeitgenössischen Dialekt des Grand Old South kennenzulernen.

Fargo, von Ethan und Joel Coen, mit Steve Buscemi und Frances McDormand. Ein schönes Beispiel für den nördlichen Western-Dialekt.

Aussprache & Betonung

Britisches Englisch ist schon kompliziert genug, leider ist das Amerikanische auch nicht einfacher. Daher sollten Sie sich die Ausspracheregeln gründlich anschauen.

Damit es richtig amerikanisch klingt, müssen Sie mehrere Wörter eines Satzes ineinander ziehen, und das Ganze am besten mit einem Kaugummi im Mund. Wenn Sie den Satz „I am going to see if he is going to the game; if he is, I am going to go with him" so aussprechen: „eim gaan^{e} ßii ifiis goin^{e} ~~dh~~^{e} gejm; ifii is eim gaan^{e} gow wi~~dh~~im", dann machen Sie es richtig! In der Lautschrift für Sätze sind daher oft mehrere Wörter zusammengezogen. Wo aufeinander treffende Selbstlaute aber auf jeden Fall getrennt zu sprechen sind, finden Sie in der Lautschrift einen Längsstrich:
variation väri | äjsch^{e}n.

Das amerikanische Alphabet

a	ej	**j**	dshej	**s**	eß
b	bii	**k**	kej	**t**	tii
c	ßii	**l**	el	**u**	juu
d	dii	**m**	em	**v**	vii
e	ii	**n**	en	**w**	dabljuu
f	ef	**o**	ow	**x**	ekß
g	dshii	**p**	pii	**y**	wei
h	ejtsch	**q**	kjuu	**z**	sii
i	ei	**r**	aar		

Mitlaute (Konsonanten)	
ß	stimmloses „s(s)" wie in „Gla**s**" **race** *(Wettrennen)*, **sweet** *(süß)*, **pretzel** *(Brezel)* bei st, sp, sch kein dt. „scht, schp, sch"!
ßt	**student** ßtuudᵉnt *(Student)*
ßp	**sports** ßpoortß *(Sport)*
ßk	**school** *(Schule)*
s	stimmhaftes „s" wie in „**S**aft" **size** *(Größe)*, **scissors** *(Schere)*, **movies** *(Kino)*, **example** *(Beispiel)*
sch	wie in „**Sch**uh" **shine** *(scheinen)*, **sure** *(okay, sicherlich)* **machine** *(Maschine)*, **ocean** *(Ozean)*
tsch	wie in „Ma**tsch**" **much** *(viel)*, **match** *(Spiel)*
dsh	j immer; g vor e, i wie in „**Dsch**ungel" **German** *(Deutsch)*, **jeans** *(Jeans)*, **bridge** *(Brücke)*, **adjective** *(Adjektiv)*
j	wie in „**J**ahr". Ein „j" wird manchmal vor einem u eingefügt: **year** jir *(Jahr)*, **few** fjuu *(wenig)*, **use** juus *(gebrauchen)*, aber: **new** nuu *(neu)*
k	c vor dunklen Vokalen wie in „**K**ultur" **cash** *(bar)*, **account** *(Konto)*, z. T. auch das q: **liquor** *(Alkoholisches)*
r	die Zunge zum Gaumen hochbiegen, immer mitsprechen, benachbarte Selbstlaute werden dadurch gelängt **car** kaar *(Auto)*, **first** fööřßt *(erster)*
d	t zwischen Vokalen und nach r wie „d" **water** waadᵉr *(Wasser)*, **forty** *(vierzig)*

In anderen Kombinationen wird das g meist wie in deutsch „Glas" ausgesprochen.

Die Mitlaute m, n und ng werden zwar selbst wie im Deutschen gesprochen, die Selbstlaute in ihrer Nachbarschaft muss man aber schön lang ziehen und durch die Nase sprechen.

th	das berühmte „*tii-ejtsch*", ein zwischen den Zähnen gebildeter (d. h. gelispelter) stimmloser Reibelaut **thanks** *(danke)*
dh	so wie „*tii-ejtsch*", aber stimmhaft **there** *(da)*
w	mit gerundeten Lippen gesprochen **wish** *(wünschen)*, **where** *(wo)*

Selbstlaute (Vokale)	
a	wenn kurz, dann dumpfer als in „k**a**nn" **country** *(Land)*, **must** *(müssen)*, **above** *(über)*
aa	wenn lang, dann wie in „V**a**ter" **father** *(Vater)*
ä	wie in „M**ä**rchen", aber oft gedehnt **and** *(und)*
ej	wie in „h**ey**!", aber meist länger **baseball** *(Baseball)*, **May** *(Mai)*, **steak** *(Steak)*, **main** *(Haupt-)*
au	wie in „M**au**s" **without** *(ohne)*, **how** *(wie)*
e	geschlossen wie in „g**e**hen", oft gedehnt **question** *(Frage)*, **egg** *(Ei)*, **friend** *(Freund)*
e (hochgestellt)	kurz und dumpf wie in „bitt**e**" (unbetont) **about** *(über)*, **butter** *(Butter)*, **rental** *(Vermietung)*
ei	wie in „**Ei**" **guide** *(Führer)*, **height** *(Höhe)*, **bye** *(tschüss)*, **aisle** *(Gang)*, **buy** *(kaufen)*, **lie** *(Lüge)*

i	kurz wie in „bitte“ **bit** *(bisschen)*, **women** *(Frauen)*, **busy** *(beschäftigt)*, **been** *(war)*
ii	langes „i“, länger als in „Bier“ **be** *(sein)*, **receive** *(bekommen)*, **people** *(Leute)*; vor r klingt es aber oftmals eher kurz: **year** jir *(Jahr)*
o(o)	offen wie in „morgen”, oft vor ll: meist gedehnt, oft nach a tendierend **ball** *(Ball)*, **broad** *(weit)*, **soft** *(weich)*
oj	wie in „ahoi“ **choice** *(Wahl)*, **boy** *(Junge)*
ow	geschlossen und lang wie in „Pankow“, endet aber mit deutlichem w („Show“) **over** *(über)*, **grow** *(wachsen)* **sew** *(nähen)*, **though** *(obwohl)*
öö	wie in „öffnen“, aber lang, meist vor r **first** *(erst)*, **earn** *(verdienen)* **burn** *(brennen)*, **world** *(Welt)*
u	kurzes „u“ ungefähr wie in „Bus“ **pull** *(ziehen)*, **foot** *(Fuß)*, **could** *(könnte)*, **woman** *(Frau)*
uu	langes „u“ ungefähr wie in „Huhn“ **too** *(auch)*, **blue** *(blau)*, **do** *(tun)*, **you** *(du)*, **crew** *(Mannschaft)*

Ein e am Wortende wird übrigens fast nie gesprochen: culture kaltsch[e]r *(Kultur)*, date dejt *(Datum)*. Die Endung -tion / -sion wird immer zu sch[e]n, z. B. in nation nejsch[e]n *(Nation)*. Wer jetzt nicht mehr durchblickt, dem sei verziehen. Die Aussprache ist wirklich ein Durcheinander! Aber aufmerksames Zuhören hilft weiter.

Wörter, die weiterhelfen

Die absoluten Grundbegriffe sind natürlich „ja" und „nein". Diese zwei kleinen Wörtchen gibt es in mehreren Varianten: yes / yeah / yep jeß / je^{e} / ja / jap bzw. no / nope / nah now / nowp / naa. Wer abwechslungsreicher reden will, sagt:

(for) sure	(f^{e}r) schur	Sicher!
you bet	juu bet	Na klar!
great	grejt	Super!
awesome	aaß^{e}m	Klasse!
ok	owkej	Okay.
no way	now wej	Auf keinen Fall!
forget it	f^{e}rgedit	Vergiss es!
really	riilii	Wirklich?
maybe	mejbii	Vielleicht.
whatever	wadev^{e}r	Wie auch immer.
let me see	lemmi ßii	Mal schauen!
hold on	howldaan	Einen Moment!

no way *bedeutet auch ein ungläubiges „Wirklich?"*

Immer wenn Sie jemanden unvermittelt ansprechen wollen, sollten Sie mit „Entschuldigung" anfangen: Excuse me, ... ikßkjuusmii.

Excuse me, could you help me, please?
ikßkjuusmii kudj^{e} helpmii pliis
entschuldige mich könnte du helfen mir bitte
Entschuldigung, können Sie mir bitte helfen?

„Bitte" verwendet man im Amerikanischen viel häufiger als bei uns, aber please pliis kann man nur sagen, wenn es sich um eine Bitte handelt. Ansonsten verwendet man je nachdem:

you're welcome *ist die Antwort auf „Danke".*

You're welcome.
j^{e}r welkam
du'bist willkommen
Bitte, gern geschehen.

here you are *sagt z. B. die Kellnerin oder Verkäuferin, wenn sie das Gefragte bringt.*

Here you are.
hir jaar
hier du bist
Hier, bitte. *(etwas Bestelltes oder Erbetenes)*

Huh? What did you say?
ha wad didj^{e} ßej
hä was tatest du sagen
Wie bitte?

Und bedanken kann man sich mit ein paar Varianten von „danke":

Thank you. / Thanks. / Thanx.
thänkjuu / thänkß / thänkß
danke dir / danke / danke
Danke.

Thanks a lot. / Thank you very much.
thänkß^{e}laat / thänkjuu verii matsch
danke ein Menge / danke dir sehr viel
Vielen Dank.

Hier die wichtigsten Sätze auf einen Blick, die Sie gleich bei Ankunft brauchen können:

I'm looking for ...
eim lukin fer
ich'bin schauend für
Ich suche ...

Excuse me, where's ... ?
ikßkjuusmii wers
entschuldige mich wo'ist
Wo ist ... , bitte?

Einfach die passenden Artikelform voranstellen:
the ~~dh~~e *der / die / das*
a e *ein(e/r)*
this ~~dh~~iß *dies*
that ~~dh~~ät *jenes*

restroom	reßtruum	Toilette
address	ädreß	Adresse
hotel	howtel	Hotel
diner	deiner	Restaurant
bank	bänk	Bank
hospital	haaßpidel	Krankenhaus
police	peliiß	Polizei
gas station	gäß ßtejschen	Tankstelle
cab	käb	Taxi
train station	trejn ßtejschen	Bahnhof
bus terminal	baß töörmenel	Busbahnhof
subway	ßabwej	U-Bahn

I need ...
ei niid
ich brauche
Ich bräuchte ...

Do you have ...
dje häv
tust du haben
Haben Sie ... ?

some water	ßam waader	etwas Wasser
coffee	kaafii	Kaffee
tea	tii	Tee
sandwiches	ßänwitsches	belegte Brote
cigarettes	ßigeretß	Zigaretten
lighter	leider	Feuerzeug
tissue	tischuu	Taschentuch
help	help	Hilfe

Hauptwort, Artikel & Fürwörter

Der bestimmte Artikel wird nicht ganz so häufig verwendet wie im Deutschen. Man findet ihn aber in feststehenden, Eigennamen: the USA, the Pacific, the Rockies.

Hauptwörter (Substantive) haben im Amerikanischen kein Geschlecht. Alle haben daher denselben bestimmten Artikel the ~~dh~~^{e} (vor Vokal ~~dh~~ii) und unbestimmten Artikel a ^{e} bzw. an ^{e}n (das -n wird nur angehängt, wenn das darauf folgende Hauptwort mit einem Selbstlaut beginnt).

Ebenso einfach ist es mit den hinweisenden Fürwörtern (Demonstrativpronomen). Will man „dieses" ausdrücken, nimmt man this, für „jenes" nimmt man that, und in der Mehrzahl these *(diese)* bzw. those *(jene)*.

this place, that hotel, these boys, those cars
~~dh~~iß plejß, ~~dh~~ädowtel, ~~dh~~iis bojs, ~~dh~~ows kaarß
dieser Ort, jenes Hotel, diese Jungs, jene Autos

Auch die Mehrzahlbildung (Plural) ist keine Schwierigkeit. Man hängt einfach ein -s an das Hauptwort (bzw. -es, wenn das Hauptwort auf -s, -sh, -ch, -x oder -z endet). Auf -f oder -fe endende Wörter wandeln dieses oft in -ves.

Gebiet	**an / the area** ^{e}n / ~~dh~~ii erii^{e}	**areas** erii^{e}s
Bus	**a / the bus** ^{e} / ~~dh~~^{e} baß	**buses** baß^{e}s
Messer	**a / the knife** ^{e} / ~~dh~~^{e} neif	**knives** neivs

Bei Mitlaut + -y wandelt sich das -y zu -ies (aber nicht, wenn davor ein Selbstlaut steht)

Dame	**a / the lady**	**ladies**
	e / ~~dh~~e lejdii	lejdiis

Es gibt nur wenige Ausnahmen, wie Hauptwörter, ...

... die gar keine Mehrzahl bilden können;

... deren Mehr- und Einzahl identisch sind: fish fisch *(Fisch/e)*, deer dir *(Reh/e)*;

... die nur in der Mehrzahlform vorkommen: glasses gläßes *(Brille)*, pants päntß *(Hose)*;

... und solche, die einfach unregelmäßig sind:

Ausnahmen bei der Mehrzahlbildung sind in der Wörterliste am Ende des Buches entsprechend gekennzeichnet.

Frau	**a / the woman**	**women**
	e / ~~dh~~e wumen	wimen
Fuß	**a / the foot**	**feet**
	e / ~~dh~~e fut	fiit
Kind	**a / the child**	**children**
	e / ~~dh~~e tscheild	tschildren
Person	**a / the person**	**people**
	e / ~~dh~~e pöörßen	piipl

Für die besitzanzeigende Form des Artikels, also „des / der“ hängt man im Amerikanischen ein 's an das Hauptwort, das den Besitzer ausdrückt. Wenn der Besitzer auf -s, -z oder -ce endet, reicht oftmals der Apostroph.

Dieser wird nicht mit ausgesprochen.

the club's entrance	~~dh~~e klabs entrenß	*der Eingang des Klubs*
children's books	tschildrens bukß	*Kinderbücher*
Chris' house	krіß hauß	*das Haus von Chris*

persönliche & besitzanzeigende Fürwörter

	wer	wessen	wem / wen	rückbezügl.
ich, mein(s), mir / mich (I wird groß geschrieben)	**I**	**my (mine)**	**me**	**myself**
	ei	mei (mein)	mii	meißelf
du, dein(s), dir / dich	**you**	**your(s)**	**you**	**yourself**
	juu	jur(s)	juu	jurßelf
er, sein(s), ihm / ihn, sich	**he**	**his**	**him**	**himself**
	hii	his	him	himßelf
sie, ihr(s), ihr / sie, sich	**she**	**her(s)**	**her**	**herself**
	schii	höör(s)	höör	hörßelf
es, sein(s), es, sich	**it**	**its**	**it**	**itself**
	it	itß	it	itßelf
wir, unser(s), uns	**we**	**our(s)**	**us**	**ourselves**
	wii	au^{e}r(s)	aß	au^{e}rßelvs
ihr, euer(s), euch	**you**	**your(s)**	**you**	**yourselves**
	juu	jur(s)	juu	jurßelvs
sie, ihr, ihnen / sie, sich	**they**	**their(s)**	**them**	**themselves**
	~~dh~~ej	~~dh~~er(s)	~~dh~~em	~~dh~~emßelvs

Für die 2. Person Mehrzahl gibt es neben you *auch noch das weitverbreitete und eindeutige* you guys jugajs *(„ihr Kerle", aber auch für Frauen!) sowie regional* y'all jool *(Südstaaten) und* youse juus *(New York).*

He's bought a gift for her and himself.
hiis baad^{e} gift f^{e}rhöör^{e}n himßelf
er'hat gekauft ein Geschenk für sie und sich-selbst
Er hat sich und ihr ein Geschenk gekauft.

Are you guys coming with us?
aar jugajs kamin wi~~dh~~aß
seid ihr Kerle kommend mit uns
Kommt ihr mit uns mit?

Im Amerikanischen siezt man eigentlich nicht, dennoch entspricht you auch dem deutschen „Sie", aber auch „man" (unpersönlich).

When hiking you should be careful.
wen heikin juu schudbii kerfel
wenn wandernd du solltest sein vorsichtig
Man sollte / Du solltest vorsichtig sein beim Wandern.

Eigenschafts- & Umstandswörter

Kombinieren Sie ein Haupt- oder Fürwort mit einem Eigenschaftswort (Adjektiv), indem Sie eine Form des Verbs be *(sein)* dazwischen setzen. Schon haben Sie einen Satz:

Das Eigenschaftswort wird niemals gebeugt, sondern bleibt immer gleich.

This is mine.
~~dh~~ißis mein
das ist meins
Das gehört mir.

The bag is empty.
~~dh~~e bägisemtii
die Tasche ist leer
Die Tasche ist leer.

Steigern

Wichtige Eigenschaftswörter finden Sie in den passenden Konversationskapiteln oder natürlich in der Wörterliste. So werden die Eigenschaftswörter gesteigert:

small	**smaller**	**smallest**	*klein, kleiner, kleinste*
ßmool	ßmooler	ßmooleßt	
big	**bigger**	**biggest**	*groß, größer, größte*
big	biger	bigeßt	
expensive	**more expensive**	**most expensive**	*teuer, teurer, teuerste*
ikßpenßiv	moorikßpenßiv	mowßtikßpenßiv	

Eigenschafts- & Umstandswörter

Alle einsilbigen Eigenschaftswörter und einige mit zwei Silben steigert man, indem man durch Anhängen von -er bzw. -est. Die meisten zweisilbigen und alle mit mehr als zwei Silben steigert man mit more moor und most mowßt:

It's the best and our most expensive room.
itß ~~dh~~e beßt enauer mowßtikßpenßiv ruum
es'ist das beste und unser meist teuer Zimmer
Es ist unser bestes und teuerstes Zimmer.

Einige wichtige Ausnahmen:

viel		gut	
a lot / many	elaat / menii	**good**	gud
more	moor	**better**	beder
most	mowßt	**best**	beßt

weit		schlecht		wenig	
far	faar	**bad**	bäd	**little**	lidl
further	föör~~dh~~er	**worse**	wööß	**less**	leß
furthest	föör~~dh~~eßt	**worst**	wöößt	**least**	liißt

Vergleich

Will man Dinge hinsichtlich von Eigenschaften vergleichen, sollte man sich die Wörtchen „als" than ~~dh~~än und „wie" as äs einprägen:

Their room is different than ours.
~~dh~~er ruum is difrent ~~dh~~änauers
ihr Zimmer ist verschieden als unseres
Ihr Zimmer ist anders als unseres.

This is just as tiny as I thought.
~~dh~~ißiß dshaßtäß teinii äsei ~~th~~aat
dies ist genau so winzig so ich dachte
Das ist genauso winzig, wie ich es mir vorgestellt habe.

as … as
äs … äs
so … wie

just as
dschaßtäs
genauso wie

There are just as many people as yesterday.
~~dh~~er^{e}r dshaßtäs menii piipl äs jeßt^{e}rdej
da sind genau so viele Leute so gestern
Es sind genauso viele Leute da wie gestern.

Intensität

Wie man im Deutschen, kann man die Intensität von Farben durch Voranstellen von „hell" light leit oder „dunkel" dark daark genauer beschreiben. Und wenn man sich nicht sicher ist, welcher Farbton es genau ist, kann man an die Farbbezeichnung -ish isch anhängen.

green	**greenish**	**light green**	**dark green**
griin	griinisch	leit griin	daark griin
grün	grünlich	hellgrün	dunkelgrün

In der Umgangssprache hängt man -ish *auch an andere Eigenschafts- oder Zahlwörter, um etwas Ungefähres zum Ausdruck zu bringen, z. B. bei* seven: sevenish *„um sieben herum".*

Umstandswörter

Umstandswörter (Adverbien) sind oft einfach an der Endung -ly zu erkennen, die an ein Eigenschaftswort angehängt wird (z. B. rarely rerlii *selten*). Man stellt Umstandswörter vor das näher zu beschreibende Wort:

probably praab^{e}blii
wahrscheinlich

recently riiß^{e}ntlii
neulich

Unregelmäßig ist: good gud *gut,* *aber Umst.* well wel.

I mostly don't get homesick.
ei mowßtlii downget howmßik
ich meistens tue'nicht bekommen Heimweh
Ich bekomme meistens kein Heimweh.

Feststehend:
always oolwejs *immer*
never nev^{e}r *nie*
sometimes ßamteims *manchmal*
often aaf^{e}n *oft*
also oolßow *auch*

I feel extremely tired.
ei fiil ikßtriimlii tei^{e}rd
ich fühle extrem müde
Ich bin ziemlich müde.

Long-distance flights are often delayed.
long dißt^{e}ntß fleitß aaraaf^{e}n dilejd
lang-Strecke Flüge sind oft verspätet
Langstreckenflüge haben häufig Verspätung.

only ownlii *nur*

Do you always eat out?
dj^e oolwejs iidaut
tust du immer essen aus
Isst du immer außer Haus?

again ^{e}gen *nochmal*

I'd like to go to that bar again.
eidleikt^e gowd^e ~~th~~ät baar ^{e}gen
ich'würde mögen zu gehen zu jene Bar nochmal
Ich würde gerne nochmal in jene Bar gehen.

just dshaßt *nur*

I just want to have a look.
ei dshaßt waan^e häv^e luk
ich nur möchte zu haben einen Blick
Ich will mich nur mal umsehen.

so ßow *so*

We only have a vacant suite.
wii ownlii häv^e vejk^{e}nt ßwiit
wir nur haben ein frei Luxuszimmer
Wir haben nur noch eine Suite frei.

Sein, Haben & Tun

An den drei Hilfsverben be *(sein)*, have *(haben)* und do führt kein Weg vorbei. Man braucht sie, um einfachste Sätze zu bilden, Tätigkeitswörter zu verneinen, sowie zur Bildung von Vergangenheit, Verlaufsform und vollendeter Gegenwart. Sie sind unregelmäßig, also muss man sie auswendig lernen!

sein

I'm	eim	ich bin
you're	jur	du bist
he's / that's	hiis / ~~dh~~ätß	er / das ist
we're	wir	wir sind
you're	jur	ihr seid
they're	~~dh~~er	sie sind

Die Langformen:
I am
you are
he / that is
we are
you are
they are

They're open.
~~dh~~er owp^{e}n
sie'sind offen
Sie haben geöffnet.

That's great!
~~dh~~ätß grejt
das'ist großartig
Super!

Die verneinten Formen bildet man mit not *(nicht)* bzw. abgekürzt mit -n't:

I ain't	ei | ejnt	**I'm not**	eimnaat
you aren't	juu | aarnt	**you're not**	j^{e}rnaat
he isn't	hii | isnt	**he's not**	hiisnaat

There ain't no bus today.
~~dh~~erejnt now baß t^{e}dej
da ist'nicht kein Bus heute
Heute kommt kein Bus.

Entsprechend kann man das auch auf we, they, these, those sowie she, it, that, this anwenden. Allerdings verwendet man bei these, those und this nur -n't, das ohnehin häufiger benutzt wird. In der Umgangssprache, besonders bei den Afro-Amerikanern, wird die Form ain't für alle Personen verwendet.

haben

Die Langformen:
I have
you have
he has
we have
you have
they have

I've	eiv	ich habe
you've	juuv	du hast
he's	hiis	er hat
we've	wiiv	wir haben
you've	juuv	ihr habt
they've	~~dh~~ejv	sie haben

Die verneinten Formen bildet man auch hier mit not *(nicht)* bzw. abgekürzt mit -n't: have wird so zu haven't, has wird zu hasn't. Wiederum bevorzugt man die Kurzform mit -n't.

tun

Dies ist wohl die interessanteste der drei Formen, weil wir sie im Deutschen nicht haben.

Die verneinten Formen:
I don't
you don't
he doesn't
we don't
you don't
they don't

I do	ei duu	ich tue
you do	juu duu	du tust
he does	hii das	er tut
we do	wii duu	wir tun
you do	juu duu	ihr tut
they do	~~dh~~ej duu	sie tun

Die verneinten Formen von do sind notwendig, um Tätigkeitswörter zu verneinen. Die verneinten Formen bildet man wiederum mit not bzw. (gängiger) abgekürzt zu -n't.

I don't like this!
ei down leik ~~dh~~iß
ich tue'nicht mögen dies
Das finde ich nicht schön!

I don't know where that hotel is.
ei d^{e}nnow wer ~~th~~ät howtel is
ich tue'nicht wissen wo jenes Hotel ist
Ich weiß nicht, wo das Hotel ist.

Man braucht dieses Hilfswort aber auch zum Formulieren einer Ja-Nein-Frage, d. h. wenn man kein Fragewort („wer," „was") verwendet.

Do you sell any quilts?
dj^{e} ßel enii kwiltß
tust du verkaufen irgendwelche Steppdecken
Verkaufen Sie auch Steppdecken?

In positiven Aussagesätzen verwendet man do gerne, wenn die Aussage des Tätigkeitswortes besonders hervorgehoben werden soll:

They do have many national parks in the US.
~~dh~~äj duu häv menii näschn^{el} paarkß in~~dh~~^{e} juu | eß
sie tun haben viele nationale Parks in die US
Sie haben viele Nationalparks in den USA.

Tätigkeitswörter & Zeiten

Zum Glück ist die Beugung der Tätigkeitswörter (Verben) im Amerikanischen sehr übersichtlich. Wie man sie verneint und bestimmte Zeiten bildet, unterscheidet sich jedoch stark vom Deutschen – also aufgepasst!

Gegenwart

Die Regeln für die Bildung der 3. Person sind genau wie bei der Mehrzahlbildung von Hauptwörtern.

Fast alle Personen haben immer die gleiche Form – die Grundform! Nur bei der 3. Person Einzahl *(er/sie/es)* hängt man -s an. Endet die Grundform jedoch auf -ss, -ch, -sh oder einen Selbstlaut, wird -es angehängt. Endet ein Tätigkeitswort auf einen Mitlaut + -y, verändert sich die Endung zu einem -ies.

I buy, you pass, we wish, you fly, they go
ei bei, juu päß, wii wisch, juu flei, ~~dh~~ej gow
ich kaufe, du reichst, wir wünschen,
ihr fliegt, sie gehen

he / she / it buys, passes, wishes, flies, goes
hii / schii / it beis, päß^{e}s, wisch^{e}s, fleis, gows
er / sie / es kauft, reicht, wünscht, fliegt, geht

The store usually opens at 9 a.m.
~~dh~~^{e} ßtoor juush^{e}w^{e}li owp^{e}ns ät nein ej | em
der Laden üblicherweise öffnet um 9 Vormittag
Der Laden macht normal um 9 Uhr auf.

She lives in New York.
schii livs in nuu joork
sie lebt in New York
Sie wohnt in New York.

Zur Verneinung stellt man die entsprechende verneinte Form des Hilfsverbs do vor das Tätigkeitswort (das selbst unverändert ist):

They don't stay in this hotel.
~~dh~~ej down ßtej in ~~dh~~iß howtel
sie tun'nicht bleiben in dies Hotel
Sie wohnen nicht in diesem Hotel.

The TV doesn't work.
~~dh~~e tiivii dasnt wöörk
der Fernseher tut'nicht arbeiten
Der Fernseher funktioniert nicht.

Verlaufsform

Die wichtigsten Verlaufsformen:

to be = being
to have = having
to do = doing

Eine solche Form gibt es im Deutschen nicht, aber Amerikaner verwenden sie, wenn es um Handlungen geht, die noch ein wenig andauern, sich also noch im Verlauf befinden. Man bildet sie mit der gebeugten Form von be + Tätigkeitswort mit der Endung -ing. Endet das Verb auf -e, fällt dieser Selbstlaut dabei weg.

Das Wörtchen while *verlangt immer die Verlaufsform.*

While I was traveling in the US, ...
weileiwes trävlin in~~dh~~e juu | eß
während ich war reisend in die US
Während ich in den USA reiste, ...

She's studying for her final exam.
schiis ßtadii | in f^{e}r^{e}r fein^{e}l igsäm
sie'ist studierend für ihre End Klausur
Sie lernt gerade für ihre Abschlussprüfung.

Zur Verstärkung verwendet man oft zusätzliche Zeitangaben, wie at the moment, now, today, tomorrow, last week, last month, tonight, ...

Im Deutschen würde man das Wörtchen „gerade" einfügen, um dasselbe zum Ausdruck zu bringen. Man drückt mit der Verlaufsform im Amerikanischen auch Pläne für die nahe Zukunft (z. B. heute Abend oder morgen) aus:

We're having leftovers this evening.
wir hävin leftowv^{e}rß ~~dh~~ißiivning
wir'sind habend Überreste dieser Abend
Wir werden heute Abend Reste essen.

Da man die Verlaufsform mit be bildet, verwendet man zu ihrer Verneinung das Wörtchen not *(nicht)* bzw. -n't wie folgt:

She's not having a party for her birthday.
schiisnaat hävin^{e} paardi f^{e}r^{e}r böör~~th~~dej
sie'ist nicht habend eine Party für ihr Geburtstag
Sie macht keine Fete an ihrem Geburtstag.

Zukunft

Wenn es nicht so sehr um den Verlauf geht, sondern vielmehr um eine Prognose, einen Plan, muss man die Zukunft mit dem Hilfsverb will *(werden)* bilden. Im Deutschen verzichtet man meist auf „werden"; im Amerikanischen ist es aber ein Muss! Will wil und seine verneinte Form won't wownt bleiben immer unverändert und gelten für alle Personen.

Kurzformen: I'll, you'll, he'll, she'll, it'll, we'll, you'll, they'll

I'll fly to LA tomorrow.
eil flei tuu el | ej t^e^maarow
ich-werde fliegen nach L.A. morgen
Ich fliege morgen nach Los Angeles.

I won't buy that T-shirt.
ei wownt bei ~~dh~~ät tiischöört
ich werde'nicht kaufen jenes T-Shirt
Ich werde das T-Shirt nicht kaufen.

Ist alles noch nicht definitiv geplant, sondern an eine Bedingung geknüpft, verwendet man would wud bzw. dessen verneinte Form wouldn't wudnt:

Kurzformen: I'd, you'd, he'd, she'd, we'd, you'd, they'd

I'd buy this one, if I were you.
eid bei ~~dh~~iß wan ifei w^e^r juu
ich-würde kaufen dies eins wenn ich wäre du
Ich würde dieses kaufen, wenn ich du wäre.

Vergangenheit & vollendete Gegenwart

Die einfache Vergangenheit und die vollendete Gegenwart gibt es auch im Deutschen: „ich flog" und „ich bin geflogen", und sie werden ähnlich wie im Deutschen eingesetzt. Im Amerikanischen ist ihre Bildung nur viel einfacher: In der einfachen Vergangenheit sind alle Formen gleich.

Vergangenheitssätze werden meist ergänzt durch Zeitangaben wie: last year, yesterday, three months ago, ...

I, you, he / she / it, we, you, they waited
ei, juu, hii / schii / it, wii, juu, ~~dh~~ej wejd^{e}d
ich wartete, du wartetest, er / sie / es warteten, wir warteten, ihr wartetet, sie warteten

Die einfache Vergangenheit bildet man durch Anhängen von -ed an die Grundform. Endet die Grundform jedoch auf einen Mitlaut + -y, wird aus dem -y ein -ied; endet sie auf einen Selbstlaut + -y, wird aus dem -y ein -id. An Grundformen, die auf -e enden, wird nur ein -d angehängt. Besonders merken muss man sich die drei Hilfsverben be, have und do:

Unregelmäßige Vergangenheitsformen sind in der Wörterliste immer mit angegeben.

I was	ei waas	ich war
you were	juu wöör	du warst
he was	hii waas	er war
we were	wii wöör	wir waren
you were	juu wöör	ihr wart
they were	~~dh~~ej wöör	sie waren

Die verneinten Formen sind entsprechend wasn't und weren't. Für have gilt immer had bzw. verneint hadn't. Für do gilt immer did bzw. verneint didn't.

vollendete Gegenwart

Einfacherweise bildet man die vollendete Gegenwart ausschließlich mit have und der Partizipform des entsprechenden Tätigkeitswortes. Ist das Tätigkeitswort regelmäßig, stimmt es mit der einfachen Vergangenheit überein, z.B. opened, closed. Amerikaner bevorzugen allerdings oft die „normale“ Vergangenheitsform auch dort, wo das britische Englisch die vollendete Gegenwart verwendet.

Die Partizip-Formen der drei Hilfsverben lauten:
be – been
have – had
do – done

I've been both to the East and West Coast.
eiv bin bow~~th~~ tuu~~dh~~e iißten weßt kowßt
ich'habe gewesen beide zu der Ost und West Küste
Ich war schon an der Ost- und Westküste.

I've seen this movie already.
eiv ßiin ~~dh~~iß muuvii oolredii
ich'habe gesehen diesen Film schon
Ich habe den Film schon gesehen.

Wollen, Können, Sollen

Von den Verben der Art und Weise, die man mit anderen, den so genannten Vollverben kombinieren muss, gibt es zwei Kategorien.

Die unselbständigen echten Hilfsverben können nur in der Gegenwart (can, may, must) und der Vergangenheit (could, might, should) verwendet werden. Andere Zeiten und die Verlaufsform sind nicht möglich. Verneint werden sie mit not bzw. -n't: can't / couldn't, may not / might not, mustn't / shouldn't. Das ergänzende Vollverb steht hier in der Grundform. Diese Hilfsverben werden nicht gebeugt, sondern sind für alle Personen gleich.

Diese Langformen sind weniger gebräuchlich: cannot, could not, must not, should not. *Ungebräuchlich ist auch die Kurzform* mightn't.

Die selbständigen sind hingegen echte Verben. Sie werden gebeugt, indem man an die 3.

Person Einzahl *(er/sie/es)* ein -s anhängt. Dem ergänzenden Vollverb geht immer ein einleitendes to voran. Die Verneinung erfolgt mit den verneinten Formen von do.

wollen, mögen, wünschen

want to *wollen, möchte*

He wants to go to Seattle.
hii waantßtᵉ gowdᵉ ßii | ädl
er will zu gehen zu Seattle
Er möchte nach Seattle gehen.

like to *mögen*

She likes to surf.
schii leikßtᵉ ßöörf
sie mag zu surfen
Sie surft gern.

He'd like to stay.
hiid leiktᵉ ßtej
er'würde mögen zu bleiben
Er würde gerne bleiben.

wish to *wünschen*

I wish to go home.
ei wischtᵉ gow howm
ich wünsche zu gehen zu-Hause
Ich möchte nach Hause.

müssen, sollen

must *müssen* (should: *Vergangenheit*)

He must be tired.
hii maßbii teiᵉrd
er muss sein müde
Er muss müde sein.

He should come.
hi schud kam
er sollte kommen
Er sollte kommen.

need to *sollen*
ought to *sollen*

He needs to pay.
hii niidstᵉ pej
er soll zu zahlen
Er muss zahlen.

She ought to wake up.
schii aadᵉ wejkap
sie soll zu wachen auf
Sie sollte aufwachen.

Shall we dance?
schälwi dänß
sollen wir tanzen
Sollen wir tanzen?

She has to leave.
schii häßt[e] liiv
sie hat zu weggehen
Sie muss gehen.

shall *sollen*

I've got to go shopping.
eiv gaade gow schaaping
ich'habe bekommen zu gehen einkaufend
Ich muss (jetzt) einkaufen gehen.

have (got) to
müssen
(einen Drang spüren)

Die zusätzliche Verwendung von got macht das Anliegen dringlicher, drückt also einen starken Wunsch oder Zwang aus.

können

He can't sing.
hii känt ßing
er kann'nicht singen
Er kann nicht singen.

She's able to drive.
schiisejblt[e] dreiv
sie'ist fähig zu fahren
Sie kann fahren.

can *können*
(could: *Vergangenheit)*

be able to *können*
(fähig sein)

Wenn Sie able verneinen wollen, können Sie not able bzw. in diesem Fall isn't able sagen. Welche Möglichkeiten Sie sonst noch haben, zeigt Ihnen das nächste Kapitel.

dürfen

He may drink.
hii mej drink
er darf trinken
Er darf trinken.

She's allowed to speak.
schiis[e]lauwt[e] ßpiik
sie'ist erlaubt zu sprechen
Sie darf reden.

may *dürfen*
(might: *Vergangenheit)*
be allowed to *dürfen*
(Erlaubnis haben)

Verneinung

Es gibt im Amerikanischen vier Wörter zur Verneinung. Eines haben Sie bereits kennengelernt:

not (-n't) naat nicht

Es wird zur Verneinung von allen Voll- und Hilfsverben verwendet. Direkt kann es aber nur an Hilfsverben antreten (do, have, be, must, should, can, could, may, might, will, would), bei Vollverben benötigt man eine Form von do.

_no_ now nein, kein

So sagt man einfach „nein". Aber man bringt so Verbote zu Ausdruck, bzw. dass etwas nicht vorhanden ist oder nicht akzeptiert wird. No = „kein" kann vor Tätigkeitswörtern in der Verlaufsform sowie vor Hauptwörtern stehen.

no smoking
now ßmowking
kein rauchend
Rauchen verboten!

no trespassing
now treßpäßing
kein übertretend
Für Unbefugte Betreten verboten!

no vacancy
now vejk^{e}nsi
kein Leerstand
Belegt!

no one
now | wan
kein ein
keiner

nowhere
now | wer
nicht-wo
nirgendwo

non- naan Nicht-

Die Vorsilbe non- findet man in feststehenden Verbindungen vor Hauptwörtern:

non-smoker	**non-descript**
naanßmowk^{e}r	naandißkript
nicht-Raucher	*nicht-beschreibbar*
Nichtraucher	undefinierbar

un- an un-

Es drückt das Gegenteil von Wörtern aus, genau wie das deutsche „un-“ :

unfriendly	anfrendlii	unfreundlich	
unhealthy	anhelthii	ungesund	
unable	anejbl	unfähig	
undress	andreß	ausziehen	*wörtl.: un-anziehen*
undo	anduu	öffnen, rückgängig mach.	*wörtl.: un-machen*

spezielle Verneinungswörter mit *n-*

Die Verneinung no ist hier im Laufe der Zeit mit dem zu negierenden Wort verschmolzen:

never	nev^{e}r	nie	ever ev^{e}r *jemals*
never ever	nev^{e}rev^{e}r	niemals	either ... or iidh^{e}r ... oor
neither ... nor	niidh^{e}r ... noor	weder ... noch	*entweder ... oder*
nothing	nathin	nichts	thing thing *Ding*
none	nan	keins	

Satzstellung & Bindewörter

Jetzt haben Sie schon das Gröbste der Grammatik hinter sich, und ich kann Ihnen jetzt verraten, wie Sie all diese Teile im Amerikanischen in die richtige Reihenfolge bringen.

wer?	Hilfs- + Vollverb	was? / wo? / wann?
Many tourists	**like to come**	**to New York in spring.**
menii turißtß	leikt^e kam	tuu nuu joork in ßpring
viele Touristen	*mögen zu kommen*	*nach New York im Frühling*
Viele Touristen kommen gerne im Frühling nach New York .		

Fragewort	Hilfsverb	wer?	Vollverb	was? / wo? / wann?
Where	**did**	**you**	**buy**	**that surfboard?**
wer	did	j^e	bei	~~dh~~ät ßöörfboord
wo	*tatest*	*du*	*kaufen*	*jenes Surfbrett*
Wo hast du dieses Surfbrett gekauft?				

Wenn Sie sich an diese strenge Struktur halten, kommen Sie schon zurecht. Egal, was Sie dem Aussagesatz noch an Zeit- oder Ortsbestimmungen hinzufügen, das platzieren Sie immer nur am Anfang oder Ende. Die Einheit *wer-tut-was* bleibt immer als Kern bestehen. Beim Fragesatz müssen natürlich nicht immer alle Komponenten vorhanden sein, aber dennoch immer in dieser Reihenfolge.

Im Deutschen bauen wir Sätze ja sehr häufig um – vermeiden Sie so etwas in Ihren amerikanischen Sätzen!

Ich habe Ihnen jetzt schon viele Wortarten vorgestellt, mit denen Sie kurze Sätze bilden können. Für einen längeren Satz auch mit Nebensätzen brauchen Sie:

Im Gegensatz zu den deutschen Bandwurmsätzen sind Sätze im Amerikanischen eher kürzer.

with – without	wi~~th~~ - wi~~dh~~aut	mit - ohne
and – or	än(d) - oor	und - oder
but – because	bat - bikaas	aber - weil
if ... then	if ... ~~dh~~en	wenn ... dann
that	~~dh~~ät	dass
(in order) to	(in oord^{e}r) tuu	(um) zu
therefore	~~dh~~erfoor	daher
because of / due to	bikaas^{e}f / duud^{e}	wegen / aufgrund von
instead	inßted	anstatt
during / while	durin(g) / weil	während
when / as	wen / äs	als
as soon as	äßuunäs	sobald

Pleased to meet you.
pliist^{e} miitj^{e}
erfreut zu treffen dich
Es freut mich, Sie kennen zu lernen.

If you don't have a king size, I'll take queen size then.
ifj^{e} downt häv^{e} kingßeis eil tejk kwiin ßeis ~~dh~~en
wenn du tust'nicht haben ein König Größe ich'werde nehmen Königin Größe dann
Wenn Sie kein großes Doppelbett mehr haben, nehme ich eben das mittelgroße.

Fragen & Aufforderungen

Die Satzstruktur kennen Sie bereits, hier sind jetzt alle Fragewörter:

who	huu	wer, wen
whose	huus	wessen
to whom	t^{e}huum	wem
which	witsch	welcher
what	wat	was
what for	watfoor	wozu
what kind of	watkeind^{e}f	welche Art von
with what	wi~~dh~~ wat	womit
where	wer	wo, wohin
where ... from	wer ... fraam	woher
why	wei	warum, wieso
when	wen	wann
how	hau	wie
how much	hau matsch	wie viel
how many	hau menii	wie viele
how long	hau long	wie lange

Möchte man eine Frage ohne Fragewort (Ja-Nein-Frage) bilden (z. B. „*Hast du Zeit?*“), muss man sich wieder streng an die besondere amerikanische Satzstruktur halten.

Do you speak German?
dj^{e} ßpiik dshöörm^{e}n
tust du sprechen Deutsch
Sprechen Sie / Sprichst du Deutsch?

Sie erinnern sich? Man braucht do zur Verneinung aller Tätigkeitswörter, aber man benötigt es ebenso zur Verneinung aller Fragen ohne Fragewort. Die einzige Ausnahme sind Fragesätze, in denen ein anderes Hilfsverb (be, have, must, shall, should, can, could, may, might, will, would) verwendet wird.

Have you been to the Grand Canyon?
hävje bin tuu~~dh~~e gränkänjen
hast du gewesen zu der Grand Canyon
Warst du schon mal beim Grand Canyon?

Could you pass me the ketchup, please?
kudje päßmii ~~dh~~e ketschap pliis
könntest du reichen mir der Ketchup bitte
Kannst du mir bitte den Ketchup reichen?

Aufforderungen

Einfacher geht's nicht. Man verwendet einfach das Tätigkeitswort in der Grundform:

Come on!
kamaan
komm auf
Komm schon!

Please follow me!
pliis faalow mii
bitte folgen mir
Bitte folgen Sie mir!

Let us go home!
ledeß gow howm
lass uns gehen zu-Hause
Lass uns nach Hause gehen!

Zahlen & Zeit

Die Zahlen stehen in diesem Buch auch in Form der jeweiligen Seitenzahl, die ausgeschrieben wird, damit Sie sie spielend erlernen. Hier gibt es sie noch einmal im Überblick. Die Zahlen von 0 bis 12 müssen sie sich einprägen, dann haben Sie für alle Zahlen bis 99 das Rüstzeug schon bei der Hand.

Null wird auch o ow *gesprochen*

0	**zero**	sirow	10	**ten**	ten
1	**one**	wan	11	**eleven**	ilev^{e}n
2	**two**	tuu	12	**twelve**	twelv
3	**three**	thrii	13	**thirteen**	thöörtiin
4	**four**	foor	14	**fourteen**	foortiin
5	**five**	feiv	15	**fifteen**	fiftiin
6	**six**	ßikß	16	**sixteen**	ßikßtiin
7	**seven**	ßev^{e}n	17	**seventeen**	ßev^{e}ntiin
8	**eight**	ejt	18	**eighteen**	ejtiin
9	**nine**	nein	19	**nineteen**	neintiin

21 twenty-one twendiiwan, *22* twenty-two twendiituu, *23* twenty-three twendiithrii, *usw.*

20	**twenty**	twendii	60	**sixty**	ßikßtii
30	**thirty**	thöördii	70	**seventy**	ßev^{e}ndii
40	**forty**	foordii	80	**eighty**	ejdii
50	**fifty**	fiftii	90	**ninety**	neindii

100	**(a / one) hundred**	(ej / wan) handr^{e}d
200	**two hundred**	tuw handr^{e}d
1000	**(a / one) thousand**	(ej / wan) thaus^{e}nd
2000	**two thousand**	tuu thaus^{e}nd
Million	**(a / one) million**	(ej / wan) milj^{e}n
Milliarde	**(a / one) billion**	(ej / wan) bilj^{e}n

Ordnungszahlen (z. B. Stockwerke)

1st	**first**	föörßt	**6th**	**sixth**	ßikßtth
2nd	**second**	ßek^{e}nd	**7th**	**seventh**	ßev^{e}ntth
3rd	**third**	thöörd	**8th**	**eighth**	ejtth
4th	**forth**	foorth	**9th**	**ninth**	neintth
5th	**fifth**	fifth	**10th**	**tenth**	tentth

11th	**eleventh**	ilev^{e}nth
12th	**twelfth**	twelfth
20th	**twentieth**	twendii^{e}th
21th	**twenty first**	twendiiföörßt

In den USA zählt man Stockwerke nicht wie in Deutschland. Das Erdgeschoss heißt nämlich first floor föörß(t) floor, danach geht es weiter mit second floor ßek^{e}nd floor *(1. Stock!)* usw.

Häufigkeit (wie viel Mal)

Diese kann man ganz einfach mit dem Zahlwort und time(s) ausdrücken. Für *ein* und *zwei Mal* gibt es jedoch eine weitere Form.

this / next / last time
dhiß / nekßt / läßt teim
dieses / nächstes / letztes Mal

one time / once	wan teim / wanß	ein Mal
two times / twice	tuu teims / tweiß	zwei Mal

Brüche (Teile vom Ganzen)

1/2	**(a / one) half**	(ej / wan) häf
1/3	**a / one third**	ej / wan thöörd
1/4	**a / one quarter**	ej / wan kwoord^{e}r
3/4	**three quarters**	thrii kwoord^{e}rß

Punkt, Komma oder Doppelpunkt?

„Monat/Tag/Jahr“

Geht es um Dezimalzahlen, benutzt man ein Komma statt eines Punkts. 1,5 % wird also zu 1.5% (one point five percent wan pojnt feiv p^{e}rßent). Den Punkt, den wir bei 1.000-er Schritten verwenden, ist dagegen bei den Amerikanern ein Komma: 1,000. Beim Datum verwendet man statt Punkt einen slash, und die Reihenfolge ist anders: month/day/year. Bei der Uhrzeit gibt es statt Doppelpunkt einen Punkt: 15.43.

Datum

months mant~~th~~s

days of the week dejs^{e}v ~~dh~~^{e} wiik

Die Monate heißen: January dshänj^{e}weri, February febj^{e}weri, March maartsch, April ejpril, May mej, June dshuun, July dshulei, August aag^{e}ßt, September ßeptemb^{e}r, October aaktowb^{e}r, November nowvemb^{e}r und December dißemb^{e}r. Sie werden groß geschrieben, genauso wie die Wochentage: Monday mandej, Tuesday tuusdej, Wednesday wensdej, Thursday ~~th~~öörsdej, Friday freidej, Saturday ßäderdej, Sunday ßandej.

What's the date?
watß ~~dh~~^{e} dejt
was'ist das Datum

What date is it?
wat dejtisit
was Datum ist es

Welches Datum haben wir?

Today's the 1st of August / August 1st.
t^{e}dejs ~~dh~~^{e} fóörßt^{e}v aag^{e}ßt / aag^{e}ßt fóörßt
heute'ist der 1. von August / August 1.
Heute ist der 1. August.

What's your birthdate?
watß j^e^r böör~~th~~dejt
was'ist dein Geburtsdatum
Wann ist dein Geburtsdatum?

Das Jahr (year jir) gibt man fast wie im Deutschen an: nineteen ninety-nine für 1999, d. h. vierstellige Jahreszahlen trennt man einfach in zwei: „19 – 99". Das Jahr 2000 hatte den besonderen Spitznamen Y2K, sprich: weituukej, Von diesem Jahr an heißen sie einfach wie die entsprechenden Zahlen beim Zählen: 2013 = two thousand thirteen tuu~~th~~aus^e^nd thöörtiin.

Y = year
K = kilo = *1000*

Viele Traditionen sind an bestimmte Feiertage geknüpft. Offizielle nationale Feiertage – legal holidays liig^e^l haal^e^dejs – sind hier mit einem * gekennzeichnet. Hier sind Daten (dates dejtß), die man sich merken sollte:

New Year's Day* nuujirs dej
1. Januar: Neujahr. Auf dem Times Square in New York wird der Beginn des neuen Jahres für alle amerikanischen Zeitzonen gefeiert.

Martin Luther King Day* maart^e^n luu~~th~~^e^r king dej
3. Montag im Januar: Gedenktag für die Bürgerrechtsbewegung und die Gleichheit aller Rassen.

Valentine's Day väl^e^nteins dej
14. Februar: Valentinstag. Wird unter Liebenden und guten Freunden gefeiert.

Die USA sind in mehrere Zeitzonen time zones teim sowns *unterteilt. Von West nach Ost sind dies:* Hawaii-Aleutian Standard Time, Alaska Standard Time, Pacific Standard Time, Mountain Standard Time, Central Standard Time, Eastern Standard Time.

St. Patrick's Day ßenpätrikß dej
17. März: St.-Patricks-Tag. Der irische Nationalfeiertag, der auch von Nicht-Iren gefeiert wird. Man trägt grüne Kleidung und trinkt grün gefärbtes Bier.

Easter Sunday iißter ßandej
März / April: Ostersonntag. Ostermontag und Karfreitag sind keine Feiertage.

wörtl.: April Blödmann Tag

April Fool's Day ejpril fuuls dej
1. April. Wie bei uns: April, April!

wörtl.: Tageslicht Ersparnis

Daylight Savings dejleit ßejvings
1. Sonntag im April. Die Uhr springt vor (springs forward) auf Sommerzeit, und zwar von 1 auf 2 Uhr morgens (nicht überall!). Zurückgeschaltet wird am letzten Sonntag im Oktober.

Mother's Day ma~~dh~~ers dej
2. Sonntag im Mai: Muttertag.

wörtl.: Gedenktag

Memorial Day* memooriel dej
Letzter Montag im Mai: Gedenktag für die Kriegstoten.

Father's Day faa~~dh~~ers dej
3. Sonntag im Juni: Vatertag.

Independence Day* independentß dej
4. Juli: Nationalfeiertag; gefeiert wird die Unabhängigkeitserklärung von 1776.

Labor Day* lejber dej
1. Montag im September: Tag der Arbeit

Native American Day nejdivemeriken dej
4. Freitag im September: Tag der Indianer.

Columbus Day* kelambeß dej
2. Montag im Oktober: Entdeckung Amerikas durch Columbus am 12.10.1492.

Halloween hälewiin — *von:* all hallow's eve *„Allerheiligen-Vorabend"*

31. Oktober: Gruselig verkleidete Kinder mit Kürbis-Laternen (jack-o'-lanterns dshäkeländerns) ziehen von Haus zu Haus mit dem Spruch: trick or treat trik oor triit „Süßes oder Saures!". *wörtl.: „Streich spielen oder Leckerei"*

Veterans Day* vederens dej

11. November: Tag der Kriegsveteranen.

Thanksgiving* thänkßgiving

4. Donnerstag im November: Familienfest zur Danksagung an Gott. Wichtiger als Weihnachten. Festspeise ist ein Truthahnbraten.

Christmas Day* krißmes dej

25. Dezember: Weihnachten.

Uhrzeit

What time is it?	**It's ...**
wat teim isit	itß
was Zeit ist es	*es-ist*
Wie spät ist es?	Es ist ...
five a.m. / p.m.	**ten past five**
feiv ej | em / pii | em	ten päßt feiv
fünf Uhr Vor- / Nachmittag	*zehn nach fünf*
5 Uhr / 17 Uhr	zehn nach fünf
quarter past five	**five fifteen**
kwoorder päßt feiv	feiv fiftiin
Viertel nach fünf	*fünf fünfzehn*
Viertel nach fünf	fünf Uhr fünfzehn

Man gibt die Uhrzeit in zwei Mal zwölf Stunden an, nicht in 24. Wer nach der Uhrzeit fragt, weiß, ob es Vor- oder Nachmittag ist. Beim Schreiben ist man genauer:
a.m. = ante meridiem *(latein.: vor Mittag)* *bzw.*
p.m. = post meridiem *(latein.: nach Mittag)*

Zahlen & Zeit

Das deutsche „fünf nach halb“ kann man im Amerikanischen nicht sagen.

half past five
häfpäßt feiv
halb nach fünf
halb sechs

five thirty
feiv thöördii
fünf dreißig
fünf Uhr dreißig

quarter to six
kwoord^{e}rt^{e} ßikß
Viertel zu sechs
Viertel vor sechs

fifteen to six
fiftiint^{e} ßikß
fünfzehn zu sechs
fünfzehn vor sechs

Die Stunde heißt auf Amerikanisch hour au^{e}r, und sie teilt sich in Minuten minutes min^{e}tß und Sekunden seconds ßek^{e}nds. Die Armbanduhr heißt dagegen watch waatsch und die Wanduhr clock klaak. Damit Sie bei der Verabredung nicht zu spät kommen (be late bii läjt), sondern pünktlich sind (be on time bii | ^{e}nteim), erkundigen Sie sich besser nach der Uhrzeit (time teim).

At what time?
ät wat teim
bei was Zeit
Um welche Uhrzeit?

At (about) ... o'clock.
ät (^{e}baut) ... ^{e}klaak
bei (etwa) ... Uhr
Etwa um ...

now nau *jetzt*
soon ßuun *bald*

In ... hour(s).
in ... au^{e}rs
in ... Stunde(n)
In ... Stunde(n).

In half an hour.
in häf^{e}nau^{e}r
in halb einer Stunde
In einer halben Stunde.

next week / Monday / month / time
nekßt wiik / mandej / manth / teim
nächste Woche / nächsten Montag / nächsten Monat / nächstes Mal

in two days / weeks / months / years
in tuu dejs / wiikß / mant~~th~~ß / jirs
in zwei Tagen / Wochen / Monaten / Jahren

last fall / night
läßt fool / neit
letzten Herbst / Abend

this evening / year
~~dh~~iß iivning / jir
diesen (-s) Abend / Jahr

in the morning
in~~dh~~^{e} moornin(g)
am Morgen

on Friday night
aan freidej neit
Freitag Abend

a little later
^{e}lidl lejd^{e}r
ein wenig später

maybe earlier
mejbi öörlii^{e}r
vielleicht früher

before tomorrow
bifoor t^{e}maarow
vor morgen

after tonight
äft^{e}r t^{e}neit
nach heute Abend

until yesterday
antil jeßt^{e}rdej
bis gestern

since today
ßintß t^{e}dej
seit heute

from ten o'clock on
fraam ten^{e}klaak aan
von zehn von-der'Uhr
ab zehn Uhr

two days ago
tuu dejs ^{e}gow
zwei Tage vergangen
vor zwei Tagen

from 8 a.m. to 8 p.m.
fraam ejd ej | em tuu ejt pii | em
von 8 vormittag zu 8 nachmittag
von 8:00 bis 20:00 Uhr

weitere Tageszeiten:

noon nuun
Mittag

lunchtime lantschteim
Mittagszeit

afternoon äft^{e}rnuun
Nachmittag

evening iivning
Abend

midnight midneit
Mitternacht

the day after tomorrow
~~dh~~^{e} dej äft^{e}r t^{e}maarow
der Tag nach morgen
übermorgen

the day before yesterday
~~dh~~^{e} dej bifoor jeßt^{e}rdej
der Tag vor gestern
vorgestern

between 5 p.m. and 6 p.m.
bitwiin feiv pii | em än ßikß pii | em
zwischen 5 und 6 Uhr nachmittags

by next week
bei nekßt wiik
bis nächste Woche

around September
^{e}raund ßeptemb^{e}r
um September herum

on the weekend
aan~~dh~~^{e} wiikend
an das Wochenende
am Wochenende

at the moment
ät ~~dh~~^{e} mowm^{e}nt
bei der Moment
im Moment

Mengen & Maße

Ob Sie einkaufen gehen, sich nach Sehenswürdigkeiten erkundigen oder im Restaurant etwas zur Menge sagen möchten, diese Ausdrücke brauchen Sie immer:

all	ool	alle, ganz
each	iitsch	jede
several	ßev^{e}r^{e}l	verschiedene
few	fjuu	wenig
a few	^{e}fjuu	einige, ein paar
little	lidl	wenig, kaum
much	matsch	viel
many	menii	viele
some	ßam	einige
any	enii	irgendwelche

anything	eniithing	irgendetwas
something	ßamthing	etwas
a thing	ething	etwas

I'm just looking for some sneakers.
eim dshaßt lukin fer ßam ßniikers
ich'bin nur schauend für einige Turnschuhe
Ich suche ein paar Turnschuhe.

Have you found anything yet?
hävje faund eniithing jet
hast du gefunden irgendetwas schon
Haben Sie schon etwas gefunden?

In Amerika verwendet man keine metrischen Maße. Prägen Sie sich die amerikanischen Einheiten daher gut ein:

pint (pt)	peint	0,47 Liter
quart (qt)	kwoort	0,94 Liter
gallon (gal)	gälen	3,79 Liter
ounce (oz)	auntß	25,35 Gramm
pound (lb)	paund	453,59 Gramm
inch (in)	intsch	2,54 Zentimeter
foot (ft)	fut	30,48 Zentimeter
yard (yd)	jaard	0,91 Meter
mile (m)	meil	1,609 Kilometer

Die Temperatur misst man auch anders, nämlich in Fahrenheit (F) färenheit: 0 °F = –18 °C und 32 °F = 0 °C. Aber dazu mehr im Kapitel „Smalltalk".

„Viktorianische“ Häuser in San Francisco

Mini-Knigge

Es gibt in den USA viele, viele Benimmregeln zu beachten. Regel Nummer Eins ist, dass Sie sich um viel mehr Höflichkeit im Umgang mit Amerikanern bemühen sollten. Sagen Sie bei jeder Gelegenheit „Entschuldigung" und „Bitte", wie es die Amis auch tun.

Achten Sie auf Ihre Ausdrucksweise, denn für alles gibt es PC terms piißii töörms – politisch korrekte Bezeichnungen: African American äfrik^{e}n ^{e}merik^{e}n für „Schwarze", Native American nejdiv ^{e}merik^{e}n für „Indianer" und Hispanic American hißpänik ^{e}merik^{e}n für „Latinos" (von denen nennen sich dann aber doch viele selbst Latinos, weil sie nicht mit Spaniern verwechselt werden möchten!). Trotz der sprachlichen Kosmetik spiegelt die Realität Amerikas immer noch die gewachsene Rassentrennung wider. Sie werden kaum Weiße kennenlernen, die viele afro-amerikanische Freunde haben und umgekehrt. Auch bei der greencard lottery griinkaard laad^{e}ri, die die amerikanische Einwanderungsbehörde jedes Jahr zur Verlosung von Arbeitsgenehmigungen veranstaltet, sind die Kontingente für europäische Kandidaten deutlich überrepräsentiert. Politische Korrektheit ist eben kein gewachsenes Gefühl der Gleichheit.

Darüber hinaus sind die Amerikaner meist tief religiös und aus diesem Grund häufig unglaublich prüde. Die liebste Sonntagsbeschäftigung ist oft der Kirchgang. Es gibt unzählige Varianten des Protestantismus (Protestants praad^{e}ßt^{e}ntß), aber auch Katholiken (Catholics kä~~th~~^{e}likß), die sich alle deutlich von den Kirchen Europas unterscheiden. Am bekanntesten sind sicher die gospel churches gaaßp^{e}l tschöortsch^{e}s – Kirchen afroamerikanischer Gemeinden mit Gospelgesang. Ebenfalls interessant ist es, den Spuren der Religionsgemeinschaft der Mormonen (Mormons moorm^{e}ns) zu folgen, die 1846 mit 70.000 Menschen über einen Zeitraum von 20 Jahren aus religiösen Gründen von New York auf dem so genannten Mormon trail moorm^{e}n trejl in den mittleren Westen flüchteten. Ihr Zentrum ist heute Salt Lake City in Utah. Eine weitere große religiöse Gruppe sind die Quakers kwejk^{e}rs in Pennsylvania.

Die Prüderie ist in den USA überall spürbar: topless sunbathing taapl^{e}ß ßanbej~~dh~~ing – ein Sonnenbad oben ohne – gibt es nur an bestimmten Stränden in Florida und Kalifornien, sonst ist es verpönt. Nudist camps nuudißt kämß *(FKK-Campingplätze)* sind nur etwas für Hippies. Wer ein nacktes Körperteil in der Öffentlichkeit zur Schau stellt oder gar in der freien Natur beim Geschlechtsverkehr erwischt wird, muss mit einem unfreiwilligen Besuch der Polizeiwache rechnen, u. U. sogar der vergitterten Räume von innen. Sex vor der Ehe wird in den USA noch immer nicht gern gesehen, daher die Mauerblümchen-Art, sich erst zigmal zu einem date dejt zu verabreden, bevor man zu ihr / ihm nach Hause geht.

*Wenn Amerikaner verärgert sind, beauftragen sie oft sogleich einen Anwalt (*attorney ^{e}töörnii*), und das kann Sie teuer zu stehen kommen! Fotografieren Sie niemanden, der nicht offensichtlich damit einverstanden ist.*

Anrede, Begrüßen & Verabschieden

Lassen Sie sich in die Unkompliziertheit der Amerikaner fallen. Vergessen Sie einfach das „Sie" und die damit verbundene Distanz in Ihrem Verhalten. Ein Amerikaner stellt sich immer mit seinem Vornamen vor, außer er macht Geschäfte auf höchster Ebene oder hat von Amts wegen mit jemandem zu tun. Sonst redet man sich mit dem Vornamen an. Sprechen Sie Ihre Bekannten, Freunde oder Kollegen immer mit ihren Namen an, wenn Sie ihnen etwas erzählen wollen.

Den Händedruck können Sie auch getrost vergessen. Den brauchen Sie nur bei wichtigen Geschäften oder anderen förmlichen Situationen, gegebenenfalls noch beim ersten Kennenlernen. Unter Freunden, Kollegen oder Nachbarn ist das unüblich.

Da es im Amerikanischen sowieso kein „Sie" gibt, ist die Anrede mit dem Vornamen gewissermaßen das Äquivalent zu unserem Duzen.

Hi! hei Hi!

Die Begrüßung schlechthin zu jeder Tageszeit, zu Personen, die sie schon kennen oder gerade kennen lernen. Sagen Sie, wenn möglich, dazu den Namen des Angesprochenen und beginnen Sie so ein kurzes Gespräch.

Vergessen Sie es, jemanden nach dem Familiennamen zu fragen, aber merken Sie sich unbedingt den Vornamen!

Hi John, how are you?
hei dshaan hau | aarje
hallo John wie bist du
Hi John, wie geht's? *(man kennt sich schon)*

Das kann man auch in einem Wort sagen:
Howdy!
haudii

Fine / Great, thanks.
fein / grejt thänkß
fein / großartig danke
Gut / Super, danke.

And you?
än juu
und du
Und dir?

Man kennt sich noch nicht (bzw. noch nicht gut):

Hi! How are you doing?
hei hau | aarj^e duu | in
hi wie bist du tuend
Hi, wie geht's?

I'm Karin.
eim kärin
ich'bin Karin
Ich heiße Karin.

Wenn man sich im engen Freudeskreis trifft oder auf eine Party geht, und eher umgangssprachlich redet, hören Sie bestimmt:

Hi! What's up?
hei watßap
hi was'ist auf
Hi, wie geht's?

Hi! How's it going?
hei hausit gowin
hi wie'ist es gehend
Hi, wie geht's?

Good morning *sagt man, wenn man morgens den Nachbarn auf der Straße trifft oder ins Büro kommt;* good evening *abends auf der Straße oder bei einer Rede.*

Good morning (everybody)!
g^edmoornin (evribaadii)
guten Morgen (jeder)
Guten Morgen (allerseits)!

Good evening (everybody)!
g^ediivnin evribaadii
guten Abend (jeder)
Guten Abend (allerseits)!

Wenn man „Auf Wiedersehen" sagen möchte, nachdem man z. B. seine Einkäufe getätigt hat oder bei der Post war, sagt man immer einfach nur (Good)Bye! (g^ed)bei.

Der amerikanische Verkäufer oder die Kellnerin erwidert dann vermutlich:

Bye! Have a nice day!
bei häv^{e} neiß dej
tschüss habe einen schönen Tag
Einen schönen Tag noch. Auf Wiedersehen.

Verabschiedet man sich von Freunden oder Kollegen, die man bald wiedersehen wird:

I gotta go! See you!
eigaad^{e} gow ßiij^{e}
ich muss-zu gehen sehe dich
Ich muss los! Bis dann!

Take care!
tejk ker
nimm Acht
Pass auf dich auf!

Man kann auch sagen:

see you later
ßiij^{e} lejd^{e}r
sehe dich später
Bis später!

see you tomorrow
ßiij^{e} t^{e}maarow
sehe dich morgen
Bis morgen!

see you tonight
siij^{e} t^{e}neit
sehe dich heute-Abend
Bis heute Abend!

Wenn man der Person viel Spaß wünschen möchte, eine gute Fahrt oder eine gute Nacht:

Have fun!
häv fan
habe Spass
Viel Spass!

Have a good trip!
häv^{e} gud trip
habe eine gute Reise
Gute Reise!

Drive carefully!
dreiv kerf^{e}lii
fahre vorsichtig
Fahr vorsichtig!

I'll be in touch
eilbii in tatsch
ich'werde sein in Kontakt
Ich melde mich.

Good night!
gudneit
gute Nacht
Gute Nacht!

Sleep well!
ßliip wel
schlafe gut
Schlaf schön!

Smalltalk

Smalltalk ßmooltook, so nennt man die wenig tiefgehenden Gespräche, die Sie vor allem dann führen sollten, wenn Sie jemanden gerade erst kennenlernen:

What's your name?	**My name's Ann.**
watß j^{e}r nejm	mei nejms än
was'ist dein Name	*mein Name'ist Ann*
Wie heißt du?	Mein Name ist Ann.

Sollten Sie sich doch auf einer eher formellen Party befinden, will Ihr host howßt *(Gastgeber)* Sie bestimmt den anderen Gästen vorstellen:

Let me introduce you to some people.
let mii intr^{e}duusj^{e} t^{e}ßam piipl
lass mich vorstellen dich zu einige Leute
Ich würde Sie gerne einigen Leuten vorstellen.

This is my wife / husband.
~~dh~~ißis mei weif / hasb^{e}nd
dies ist mein(e) Ehefrau / Ehemann
Das ist meine Frau / mein Mann.

folks / family	fowkß / fäm^{e}lii	Familie
mom – dad	maam – däd	Mama – Papa
mother – father	ma~~dh~~^{e}r – faa~~dh~~^{e}r	Mutter – Vater
son – daughter	ßan – daad^{e}r	Sohn – Tochter
brother – sister	bra~~dh~~^{e}r – ßißt^{e}r	Bruder – Schwester
fiancée – fiancé	fii | aanßej	Verlobte – Verlobter

aunt – uncle	änt - ankl	Tante – Onkel
cousin – buddy	kas^{e}n - badii	Cousin(e) – Kumpel
grandma – grandpa	gränmaa - / gränpaa	Oma – Opa
brother-in-law – sister-in-law	bra~~dh~~^{e}rinloo - ßißt^{e}rinloo	Schwager – Schwägerin
child – baby	tscheild - bejbii	Kind – Baby
boyfriend – girlfriend	bojfrend - göörlfrend	feste(r) Freund(in)
colleague – friend	kaaliig - frend	Kollege (-in) – Freund(in)

Briefkästen in Arizona

This is Mr. Klein, an artist from Berlin.
~~dh~~ißis mißt^{e}r klein ^{e}naardißt fraam böörlin
dies ist Herr Klein ein Künstler von Berlin
Das ist Herr Klein, ein Künstler aus Berlin.

Aber wie gesagt, man wird Sie mit Ihrem Vornamen vorstellen, außer es geht sehr förmlich zu. Die Antwort lautet immer:

Pleased to meet you.
pliist^{e} miitj^{e}
erfreut zu treffen dich
Freut mich.

Miss miß
Fräulein (Jugendliche)

Ms. mis
Frau (neutral)

Mrs. miß^{e}s
Frau (verheiratet)

Mr. mißt^{e}r
Herr

Dann lassen es sich die Amerikaner aber wirklich nicht nehmen, doch noch zu erfahren, wo Sie denn herkommen:

How about you?	**I'm from Germany.**
hau ebaut juu	eim fraam dshöörmenii
wie über dich	*ich'bin von Deutschland*
Und du?	Ich komme aus Deutschland.

How long are you staying for?	**Three weeks.**
hau long aarje ßtejin foor	thrii wiikß
wie lang bist du bleibend für	*drei Wochen*
Wie lange bleibst du?	drei Wochen

Is this your first time here?
is dhiß jerfööraßt teim hir
ist dies deine erste Zeit hier
Bist du zum ersten Mal hier?

Well, it's my first time in Chicago, but ...
wel itß mei fööraßt teim in schikaagow bat
nun es'ist mein erstes Mal in Chicago aber
Ich bin zum ersten Mal in Chicago, aber ...

I've been to other places in the US before.
eiv binte adher plejßes indhe juu | eß bifoor
ich'habe gewesen zu andere Orte in den US vorher
Ich war schon in anderen Orten in den USA.

So, where have you been so far?
ßow wer hävje bin ßow faar
also wo hast du gewesen so weit
Wo warst du denn schon bisher?

Einige unserer Städte werden auf Englisch anders geschrieben und gesprochen:

Switzerland
ßwitßerlend
Schweiz

Austria
aaßtrie
Österreich

Cologne
kelown
Köln

Munich
mjunik
München

Geneva
dsheniive
Genf

Vienna
vii | ene
Wien

I once made a trip to the West Coast for a couple of weeks …
ei wanß mejde trip tuu~~dh~~e weßtkowßt fere kaplef wiikß
ich einmal machte eine Reise zu der West Küste für ein paar von Wochen
Ich war mal ein paar Wochen an der Westküste …

… and I've also been to New England some years ago.
ändeiv oolsow binte nuu inggl end ßam jirs egow
und ich'habe auch gewesen zu Neu England einige Jahre vergangen
… und vor einigen Jahren war ich auch mal in Neu-England.

Have you ever been to Germany?
hävje ever binte dshöörmenii
hast du jemals gewesen zu Deutschland
Warst du schon mal in Deutschland?

Amerikaner sind sehr stolz auf ihr Land, daher werden Sie bestimmt gefragt:

How do you like it here?
hau dje leikit hir
wie tust du mögen es hier
Wie gefällt's dir hier?

I (just) love it!
ei (dshaßt) lavit
ich (genau) liebe es
Ich finde es toll!

It's great / wonderful!
itß grejt / wanderfel
es'ist großartig / wunderbar
Es ist super!

I'm having a great time!
eim hävine grejt teim
ich'bin habend eine großartige Zeit
Ich finde es super!

Ihnen mag es vielleicht übertrieben vorkommen, so überschwänglich zu sagen, dass Sie etwas lieben, aber so drücken Sie sich perfekt Amerikanisch aus!

Aber Sie können auch die Fragen stellen:

Where are you from?	**I'm from St. Paul.**
werj^e fraam	eim fraam ß^{e}ntpool
wo bist du her	*ich'bin von St. Paul*
Woher kommst du?	Ich komme aus St. Paul.

Where's that?	**It's in Minnesota.**
wers ~~dh~~ät	itßin min^{e}ßowd^e
wo'ist jenes	*es'ist in Minnesota*
Wo ist das?	Das ist in Minnesota.

Der gefragte Amerikaner antwortet auch gerne mit der ethnischen Herkunft seiner Familie:

Chinese tscheiniis
Chinese
Cuban kjuub^{e}n
Kubaner
Greek griik
Grieche
Italian itälj^{e}n
Italiener
Irish eirisch
Ire
Japanese dshäp^{e}niis
Japaner
Jewish dshuu | isch
Jude
Mexican mekßik^{e}n
Mexikaner
Polish powlisch
Pole
Puertorican pwerd^{e}riik^{e}n
Puertoricaner

The 50 States (+ DC)

Alabama (AL)	äl^{e}bäm^e
Alaska (AK)	^{e}läßk^e
Arizona (AZ)	är^{e}sown^e
Arkansas (AR)	aark^{e}nßoo
California (CA)	käl^{e}foornj^e
Colorado (CO)	kaalerädow
Connecticut (CT)	k^{e}nedik^{e}t
Delaware (DE)	del^{e}wer
District of Columbia (DC)	dißtrikt^{e}f k^{e}lambi^e
Florida (FL)	flaar^{e}d^e
Georgia (GA)	dshoordsh^e
Hawaii (HI)	h^{e}waajii
Idaho (ID)	eid^{e}how
Illinois (IL)	il^{e}noi
Indiana (IN)	indii	än^e
Iowa (IA)	ei	^{e}w^e
Kansas (KS)	käns^{e}ß
Kentucky (KY)	kentakii

Louisiana (LA)	luu | iisii | än^{e}
Maine (ME)	mejn
Maryland (MD)	mer^{e}l^{e}nd
Massachusetts (MA)	mäß^{e}tschuuß^{e}tß
Michigan (MI)	mischig^{e}n
Minnesota (MN)	min^{e}ßowd^{e}
Mississippi (MS)	miß^{e}ßipii
Missouri (MO)	m^{e}surii
Montana (MT)	maantän^{e}
Nebraska (NE)	n^{e}bräßk^{e}
Nevada (NV)	n^{e}väd^{e}
New Hampshire (NH)	nuuhämpsch^{e}r
New Jersey (NJ)	nuudschöörsii
New Mexico (NM)	nuumekßikow
New York (NY)	nuujoork
North Carolina (NC)	noorth kär^{e}lein^{e}
North Dakota (ND)	noorth d^{e}kowd^{e}
Ohio (OH)	owhei | ow
Oklahoma (OK)	owkl^{e}howm^{e}
Oregon (OR)	oor^{e}g^{e}n
Pennsylvania (PA)	pentß^{e}lvejnj^{e}
Rhode Island (RI)	rowdeil^{e}nd
South Carolina (SC)	ßauth kär^{e}lein^{e}
South Dakota (SD)	ßauth d^{e}kowd^{e}
Tennessee (TN)	ten^{e}ßii
Texas (TX)	tekß^{e}ß
Utah (UT)	juutaa
Vermont (VT)	v^{e}rmaant
Virginia (VA)	v^{e}rdshinj^{e}
Washington (WA)	waaschingt^{e}n
West Virginia (WV)	weß v^{e}rdshinj^{e}
Wisconsin (WI)	wißkaantß^{e}n
Wyoming (WY)	wei | owming

Weitere hilfreiche Abkürzungen:

NYC = New York City, *(um die Stadt vom Bundesstaat* NY *zu unterscheiden)*

LA = Los Angeles
Philly = Philadelphia
Frisco = San Francisco
(letzteres ist allerdings bei Auswärtigen weit gängiger als bei den Einheimischen!)

... und Spitznamen:

The Big Easy
= New Orleans

The Big Apple
= New York City

The Big Tomato
= Sacramento

The Windy City
= Chicago

Dixie
= the Southern States

Wetter

Ob einem der Urlaub gefällt oder nicht, hat für viele etwas mit dem Wetter zu tun:

- hot haat *heiß*
- warm woorm *warm*
- cool kuul *kühl*
- cold kowld *kalt*
- freezing friising *frostig*
- windy windii *windig*
- cloudy klaudii *wolkig*
- clear klir *klar*
- sunny ßanii *sonnig*
- foggy faagii *neblig*

The weather is great!
~~dh~~e wed~~h~~ers grejt
das Wetter is großartig
Das Wetter ist toll!

It's too hot / humid!
itß tuu haat / chjuumid
es'ist zu heiß / feucht
Es ist zu heiß / schwül!

What'll the weather be like in the West?
wadl ~~dh~~e wed~~h~~er bii leik in~~dh~~e weßt
was'wird das Wetter sein wie in der Westen
Wie wird das Wetter im Westen sein?

It's supposed to rain / snow / hail.
itß ßpowßte räjn / ßnow / hejl
es'ist vermutet zu regnen / schneien / hageln
Es soll Regen / Schnee / Hagel geben.

© WS

Wassergeschützt an den Niagara-Fällen

In den USA verwendet man ein anderes Messsystem für Temperaturen als bei uns: Fahrenheit färenheit statt Centigrade ßendigrejd *(Celsius)*. Lassen Sie sich also nicht von den extrem hohen Temperaturen erschrecken, wenn Sie ein amerikanisches Thermometer benutzen! „Grad" heißt einfach degree digrii. Wird es richtig kalt im Winter, geht die Temperatur auch unter Null, und das heißt dann z. B. -5 °F feiv digriis bilow sirow = –21 °C. In der Wettervorhersage werden Sie aber hoffentlich hören:

100 °F = *38 °C*
90 °F = *32 °C*
80 °F = *27 °C*
70 °F = *21 °C*
60 °F = *16 °C*
50 °F = *10 °C*
40 °F = *4 °C*
32 °F = *0 °C*
0 °F = *–18 °C*

Tomorrow temperatures will reach the high 80's / low 100's.
temaarow tempretschers wil riitsch ~~dh~~e hei ejdiis / low handreds
morgen Temperaturen werden erreichen die hohe 80'er / niedrige 100'er
Morgen werden wir Temperaturen um die 30 °C / 40 °C haben.

Eine Besonderheit in den USA ist die „Fünfte Jahreszeit" im Herbst, der Indian summer indjen ßamer. Nach einer kalten Periode ist es Ende Oktober oder Anfang November plötzlich wieder so richtig warm, und die herbstlich rot-gelben Blätter strahlen im Sonnenschein, besonders in Neu-England, an den Großen Seen und in Nord-Kalifornien. Unangenehm sind dagegen die verschiedenen Wirbelstürme, die jedes Jahr mit ungeheurer Zerstörungswut zuschlagen. Im Herbst fegen hurricanes hööreke jns mit über 118 km/h durch den Osten, tauchen zunächst die Südküste in Sturmfluten, bevor sie landeinwärts wüten. Im Mittleren Westen sind es blizzards bliserds *(Schneestürme)* im Winter und im Frühjahr

spring
ßpring
Frühling

summer
ßamer
Sommer

fall
fool
Herbst

winter
winder
Winter

Achtung bei Warnungen vor:

avalanche äweläntsch
Lawine

earthquake öörthkwejk
Erdbeben

flood flad
Flut

forest fire fooreßt feier
Waldbrand

verwüsten tornados toornejdows mit bis zu 500 km/h alles, was ihnen in die Quere kommt. Der Südosten wird nach heftigen Regenfällen von Fluten auf dem Mississippi und Missouri heimgesucht, während Trockenheit für Wandbrände im bergigen Terrain der Rocky Mountains sorgt. Und nicht zuletzt hat Kalifornien ab und zu mit Erdbeben zu kämpfen.

Beruf & Bildung

Jetzt will man sicher wissen, was Sie beruflich machen, und wo Sie zur Schule gegangen sind:

Are you traveling or here for business?
aarje trävlin oor hir fer bisneß
bist du reisend oder hier für Geschäft
Bist du im Urlaub oder geschäftlich hier?

I'm spending my summer vacation here.
eim ßpendin mei ßamer vejkejschen hir
ich'bin verbringend meine Sommer Ferien hier
Ich verbringe meinen Urlaub hier.

I'm here for business reasons.
eim hir fer bisneß riisens
ich'bin hier für Geschäft Gründe
Ich habe hier geschäftlich zu tun.

What do you do for a living?
wadje duu fere living
was tust du tun für ein lebend
Was machst du beruflich?

I work for a bank / an insurance / an attorney, ...
ei wöörk fere bänk / eninschurenß / enetöörnii
ich arbeite für eine Bank / eine Versicherung / einen Anwalt
Ich arbeite für eine Bank / eine Versicherung / einen Anwalt.

I'm working at a hospital / the city hall / the university ...
eim wöörkin äde haaßpidel / ~~dh~~e ßidii hool / ~~dh~~e juunevöörßedii
ich'bin arbeitend bei ein Krankenhaus / das Stadt Haus / die Universität
Ich arbeite in einem Krankenhaus / im Rathaus / an der Universität ...

I'm a teacher / hairdresser / consultant / social worker / secretary / housewife.
eime tiitscher / herdreßer / kenßaltent / ßowschel wöörker / ßekreterii / haußweif
Ich bin Lehrer(in) / Frisör(in) / Berater(in) / Sozialarbeiter / Sekretärin / Hausfrau.

Berufsbezeichungen lauten im Amerikanischen meist für Männer und Frauen gleich.

I'm still going to school / to college.
eim ßtil gowin teßkuul / tekaalidsh
ich'bin noch gehend zu Schule / zu Universität
Ich gehe noch zur Schule / zur Uni.

I study ...	**medicine**	medeßen	Medizin
ei ßtadii	**law**	loo	Jura
Ich studiere	**economics**	ikenaamikß	Wirtschaft
	languages	längwidshes	Sprachen
	IT	eitii	Informatik
I studied ...	**art**	aart	Kunst
ei ßtadiid	**engineering**	endsheniirin(g)	Maschinenbau
Ich habe ...	**chemistry**	kemißtrii	Chemie
	journalism	dshöörnelisem	Journalismus
	music	mjuusik	Musik

... studiert.

high school
hei ßkuul
weiterführende Schule

I'm an exchange student at Windsor High.
eimen ikßtschejndsh ßtuudent ät winser hei
ich'bin ein Austausch Student bei Windsor Hoch
Ich bin Austauschschülerin an der Windsor High School.

Jährlich kehren die Ehemaligen zur Schule oder Universität zurück und besuchen das homecoming game howmkamin gejm, *ein „Heimkehrspiel" – natürlich American Football. Abends feiert man den* homecoming dance howmkamin dänß, *auf dem die* homecoming queen howmkamin kwiin, *die Schönheitskönigin der Ehemaligen, gewählt wird und somit in das* year book jirbuk *(Jahrbuch) eingeht.*

Jetzt mögen Sie denken, was soll ich mit Schulvokabular? Aber in den USA spielt es auch im späteren Leben noch eine wichtige Rolle, wer oder was man in der Schul- und Unizeit war. Von der prom praam *(dem Abschlussball)* erzählen Amerikaner immer wieder, ebenso von ihrer Zeit als Schülersprecher oder Teamkapitän. Die jährliche reunion riijuunjen *(Ehemaligentreffen)* sorgt dafür, dass man seine Schul- und Unizeit nie vergisst.

When did you graduate?
wen didje grädshewet
wann tatest du Abschluss-machen
Wann hast du deinen Abschluss gemacht?

I'm the class of '86.
eim ~~dh~~e kläßev ejdiißikß
ich'bin die Klasse von 86
Ich habe 1986 meinen Abschluss gemacht.

fraternity
frätöörnidii
Studentenvereinigung für Jungen

I was in a sorority since my freshman year.
eiwes ine ßeroorедii ßinß mei freschmen jir
ich war in ein Mädchenvereinigung seit mein Frischmann Jahr
Ich war in einer Studentinnenvereinigung seit meinem ersten Jahr an der Uni.

		senior high ßiinj^{e}r hei	**college** kaalidsh
freshman	freschm^{e}n	9. Klasse	1. Jahr
sophomore	ßaaf^{e}moor	10. Klasse	2. Jahr
junior	dshuunj^{e}r	11. Klasse	3. Jahr
senior	ßiinj^{e}r	12. Klasse	4. Jahr

Familie & Alter

Are you married?
aarj^{e} meriid
bist du verheiratet
Sind Sie verheiratet?

Do you have children?
dj^{e} häv tschildr^{e}n
tust du haben Kinder
Haben Sie Kinder?

Yes, I have two kids.
jeß eihäv tuu kids
ja ich habe zwei Kinder
Ja, ich habe zwei Kinder.

How about you?
hau ^{e}baut juu
wie über dich
Und Sie / du?

Do you have brothers and sisters?
dj^{e} häv bra~~dh~~^{e}rs^{e}n ßißt^{e}rs
tust du haben Brüder und Schwestern
Hast du / Haben Sie Geschwister?

I've got a younger / older brother.
eiv gaad^{e} jangg^{e}r / owld^{e}r bra~~dh~~^{e}r
ich'habe bekommen ein jüngeren / älteren Bruder
Ich habe einen jüngeren / älteren Bruder.

How old are you?
hau owld aarj^{e}
wie alt bist du
Wie alt bist du / sind Sie?

Thirty one.
~~th~~öördiiwan
dreißig eins
Einunddreißig.

Einladung & zu Gast sein

Mit einem Smartphone können Sie sich die mit einem 𝄞 gekennzeichneten Sätze dieses Kapitels anhören. Scannen Sie einfach den QR-Code mit Hilfe einer kostenlosen App (z. B. „Barcoo" oder „Scanlife").

Wenn Sie von Amerikanern nach Hause eingeladen werden, kann sich das so anhören:

Do you have any plans for tomorrow?
dj^{e} häv enii pläns f^{e}r t^{e}maarow
tust du haben irgendwelche Pläne für morgen
Hast du morgen schon etwas vor?

Well, I thought of going to the movies. Why?
wel ei thaadev gowin tuu~~dh~~^{e} muuviis wei
also ich dachte an gehend zu die Filme warum
Ich wollte ins Kino gehen. Wieso?

I invited a couple of friends over for dinner ...
ei inveid^{e}d ^{e}kapl^{e}f frends owv^{e}r f^{e}r din^{e}r
ich lud-ein ein wenige Freunde über für Abendessen
Ich habe ein paar Freunde zum Abendessen eingeladen, ...

... who'd love to meet you.
huud lavt^{e} miitj^{e}
wer'würden lieben zu treffen dich
... die dich gern kennenlernen möchten.

That's sweet of you. I'll come!
~~dh~~ätß ßwiid^{e}fj^{e} eil kam
das'ist süß von dir ich'werde kommen
Das ist wirklich süß. Ich werde kommen.

When should I come over?
wen schudei kamowv^er
wann sollte ich kommen über
Wann soll ich kommen?

Where do you live?
werdj^e liv
wo tust du leben
Wo wohnst du?

Sie würden gerne etwas mitbringen ...

How about I bring dessert?
hau ^ebaut ei bring disöört
wie über ich bringe Nachtisch
Wie wär's, wenn ich den Nachtisch mitbringe?

Natürlich können Sie Ihrem Gastgeber zusätzlich Wein oder Blumen mitbringen.

Happy Halloween!

Einladung & zu Gast sein

Hi. Come on in. I'm glad you could make it.
hei kamaanin eim gläd ju kud mejkit
hallo komme auf in ich'bin froh du konntest machen es
Hi, komm rein. Schön, dass du kommen konntest.

Sit down, please.
ßit daun pliis
sitz unten bitte
Setz dich.

Take a seat.
tejk^{e} ßiit
nimm einen Sitz
Setz dich.

Do you want anything to drink?
dj^{e} waant enii~~th~~ing t^{e}drink
tust du wollen irgendetwas zu trinken
Was möchtest du trinken?

Nach der ersten Begrüßung gehen Sie einfach wieder zu Smalltalk über.

Komplimente über das Essen:

This is really tasty. How did you make it?
~~dh~~ißiß riilii tejßtii hau didj^{e} mejkit
dies ist wirklich lecker wie tatest du machen es
Es schmeckt hervorragend. Wie ist das Rezept?

Mmh, yummy!
mm jamii
mmh lecker
Sehr lecker!

Do you want some more?
dj^{e} waant ßam moor
tust du wollen etwas mehr
Möchtest du noch etwas mehr?

I'd love to.
eid lav tuu
ich'würde lieben zu
Ja gerne.

No thanks, I'm stuffed.
now thänkß eim ßtaft
nein danke ich'bin gestopft
Nein danke, ich bin satt.

Dating

Flirten, und sei es ohne Hintergedanken, nur um die sozialen Kontakte anregender zu gestalten, läuft in den USA etwas anders ab. Mit einem wilden Augenkontakt können sie dort nicht rechnen. Wollen Sie flirten, müssen Sie diejenige / denjenigen gleich ansprechen und sich zu einem ordentlichen date dejt – einer romatischen Verabredung – verabreden. Dazu muss man einiges vorher klären:

Mit einem Smartphone können Sie sich die mit einem 👂 gekennzeichneten Sätze dieses Kapitels anhören.

👂 **Are you married?**
aarj^e meriid
bist du verheiratet
Bist du verheiratet?

👂 **No, I'm divorced.**
now eim d^{e}voorßt
nein ich'bin geschieden
Nein, ich bin geschieden.

👂 **Are you going out with someone?**
aarj^e gowin aut wi~~th~~ ßamwan
bist du gehend aus mit jemand
Bist du mit jemandem zusammen?

👂 **Are you dating anyone?**
aarj^e dejdin eniiwan
bist du verabredend irgendwen
Siehst du zur Zeit jemanden?

👂 **Sorry, I already have a girlfriend / boyfriend.**
ßaarii ei oolredii häv^e gööörlfrend / bojfrend
entschuldige ich schon habe ein Freundin / Freund
Entschuldige, ich habe eine Freundin / einen Freund.

Blind dates bleind dejtß *kennt man seit dem gleichnamigen Film mit Kim Basinger & Bruce Willis – eine Verabredung mit einer / einem Unbekannten.*

Man geht beim ersten date immer aus. Einladungen nach Hause sind zu persönlich und finden erst statt, wenn man sich besser kennt.

Can I take you out for dinner?
kännei tejkj^{e} aut f^{e}r din^{e}r
kann ich nehmen dich aus für Abendessen
Kann ich dich zum Abendessen einladen?

Sure!	**Yeah, o.k.**	**Maybe.**
schur	je^{e} owkej	mejbii
sicher	*ja o.k.*	*vielleicht*
Na klar!	Ja, o.k.	Vielleicht.

Sorry, I already have plans for tomorrow.
ßaarii ei oolredii häv pläns f^{e}r t^{e}maarow
entschuldige ich schon habe Pläne für morgen
Sorry, ich habe morgen schon etwas vor.

How about Thursday instead?
hau ^{e}baut thöörßdej inßted
wie über Donnerstag stattdessen
Wie wäre es mit Donnerstag?

Viele dates *werden als* double date dabl dejt *eingefädelt, um zwei Menschen unauffällig zu verkuppeln, oder um jemanden unauffällig anmachen zu können.*

I'll pick you up at seven.
eil pikj^{e} ap ät ßev^{e}n
ich'werde picken dich auf um sieben
Ich hole dich um sieben Uhr ab.

Als Mann sollten Sie bei der Verabredung die Form wahren, der Frau in den Mantel helfen, die Tür des Autos oder des Lokals aufhalten und die Frau nach Hause bis zur Tür begleiten.

Seien Sie ganz Gentleman der alten Schule. Trotz feminism feminis^{e}m und women's lib wim^{e}ns lib zahlt meist immer noch der Mann. *Feminismus & „Frauen-Befreiung"*

Can I take you home?
känei tejkj^{e} howm
kann ich nehmen dich zu-Hause
Kann ich dich nach Hause bringen?

Can we see each other again?
kän wii ßii iitscha~~dh~~^{e}r ^{e}gen
können wir sehen jeder anderen nochmal
Können wir uns nochmal treffen?

Fototermin zum Abschlussball

I hope to see you again soon.
eihowp t^{e}ßiij^{e} ^{e}gen ßuun
ich hoffe zu sehen dich wieder bald
Ich hoffe, wir sehen uns bald wieder.

Thanks for the nice evening.
~~th~~änkß f^{e}r ~~dh~~^{e} neis iivning
danke für der nette Abend
Danke für den netten Abend.

Liebesgeflüster

Stecken Sie Ihre Erwartungen an Ihr erstes date nicht zu hoch. Für religiöse Amerikaner bleibt Beischlaf vor der Ehe etwas Frivoles. Wenn Sie dennoch mit jemandem intimer werden, sollten Sie über safer sex ßejfer ßekß sprechen. Nicht nur wegen AIDS, sondern auch wegen Hepatitis, Syphilis und nicht zuletzt ungewollter Schwangerschaften. Die Rate für teenage pregnancies tiinejdsh pregnentßiis *(Schwangerschaften von Jugendlichen)* und abortions eboorschens *(Abtreibungen)* ist schon mehr als zu hoch! Sexuelle Aufklärung (sexual education ßekschel edshekejschen) versteckt sich in den USA leider hinter unglaublicher Prüderie.

Do you have any condoms / a rubber?
dje häv enii kaandemß / eraber
tust du haben irgendwelche Kondome / ein Gummi
Hast du Komdome / ein Gummi dabei?

Do you have any gloves / dental dam?
dje häv enii glavs / dendel däm
tust du haben irgendwelche Handschuhe / dentaler Damm
Hast du Handschuhe / einen Mundeinsatz?

Alles andere sagen Sie einfach in der universal language of love juunewöörßel längwitschev lav, *„der Sprache der Liebe!“*

Wenn man sich über Safer Sex ausgetauscht hat und sich hat testen lassen, geht es vielleicht nur noch um die Empfängnisverhütung:

Do you take the pill?
dj^e tejk ~~dh~~^e pil
tust du nehmen die Pille
Nimmst du die Pille?

Honeymoon

In Las Vegas kann man sich innerhalb von Minuten, ohne Aufgebot, ab $35 bar auf die Hand vor wildfremden Menschen das Ja-Wort geben: in einer chapel tschäp^el *(Kapelle)* oder gar einem drive thru dreiv ~~th~~ruu – einem Schalter, an dem Sie im Auto sitzend getraut werden.

Berühmte Hochzeiten in Las Vegas: Michael Jordan & Gattin, Joan Collins & Gatte, Bruce Willis & Demi Moore und natürlich Elvis & Priscilla

We'd like to get married.
wid leikt^e get meriid
wir würden mögen zu bekommen verheiratet
Wir möchten heiraten.

Have you been married before?
hävj^e bin meriid bifoor
hast du gewesen verheiratet vorher
Waren Sie schon mal verheiratet?

May I see your ID please.
mejei ßii j^er ei | dii pliis
darf ich sehen dein Ausweis bitte
Darf ich bitte Ihren Ausweis sehen?

I hereby pronounce you man and wife.
ei hirbei pr^enauntß juu män^en weif
ich hiermit erkläre sie Mann und Frau
Hiermit erkläre ich Sie für Mann und Frau.

Essen & Trinken

Sie gehören zu denen, die glauben, die amerikanische Küche habe nichts außer ungesundem fast food zu bieten? Weit gefehlt! Sie ist so vielseitig wie Amerikas Landschaften und Menschen. Die besten Leckereien finden Sie oft aber auf dem Esstisch einer amerikanischen Familie, da auch Amis im Restaurant etwas anderes essen möchten als zu Hause.

	breakfast	brekfeßt	Frühstück
downat	**donut**		süßer runder Hefekringel mit Zucker- / Schokoguss
bejgel	**bagel**		salziger runder Hefekringel
mafen	**muffin**		süßer Minisandkuchen
ßleißef towßt	**slice of toast**		eine Scheibe Toastbrot
ßleißev bred	**slice of bread**		eine Scheibe Brot
howlgrejn	**wholegrain**		Vollkorn-
weit	**white**		Weiß-
ban / rowl	**bun / roll**		Brötchen
pampernikl	**pumpernickel**		Schwarzbrot
bader	**butter**		Butter
häm	**ham**		Schinken
tschiis	**cheese**		Käse
piinatbader	**peanut butter**		Erdnussbutter
dshelii	**jelly**		Marmelade / Fruchtgelee
bejken	**bacon**		Frühstücksspeck, gebraten
egs	**eggs**		Eier
ßaniißeidap	**e. sunny side up**		Spiegelei *(sonnige Seite oben)*
owveriisi	**e. over easy**		Spiegelei beidseitig gebraten

scrambled eggs	Rührei	ßkrämb^eldegs
omelet	Omelette	aaml^et
hash browns	Rösti / *Art* Reibekuchen	häsch brauns
sausage	kleine Würstchen, pikant	ßoßidsch
(a stack of) pancakes	(ein Stapel) Pfannkuchen (mit Backpulver gebacken)	(^eßtäk^ef) pänkejkß
maple syrup	Ahornsirup (zu pancakes)	mejpl ßir^ep
cereals	Oberbegriff für Müsli, Cornflakes u. ä.	ßirii^els
granola	Müsli	gr^enowl^e
cornflakes	Maisflocken, wie bei uns	koornflejkß
oatmeal	Haferflocken	owtmiil

Erstmal müssen Sie natürlich ein Lokal betreten, wo Sie essen möchten. Dort erwartet Sie meist ein Schild am Eingang, und die hostess howßt^eß begleitet Sie zu einem Tisch. Das Schild trägt die Aufschrift:

Wait to be seated.
wejt t^ebii ßiid^ed
warte zu sein hingesetzt
Bitte hier warten, Tisch wird zugewiesen.

How many people?
hau menii piipl
Wie viele Personen?

Smoking or non-smoking?
ßmowking oor naanßmowking
rauchend oder nicht-rauchend
Raucher oder Nichtraucher?

Praktisch überall ist das Rauchen in Restaurants mittlerweile gesetzlich verboten.

Die hostess verschwindet wieder in den Eingangsbereich, und von nun an kümmert sich eine Bedienung um Sie, bringt Ihnen die Speisekarte (menu menjuu) und eine Kanne Wasser, mit Eis (a pitcher of water ^{e}pitsch^{e}r^{e}v waad^{e}r) und stellt sich Ihnen vor:

appetizer
äp^{e}teis^{e}r
Vorspeise

soup
ßuup
Suppe

entrée
aantrej
Hauptspeise

dessert
disöört
Nachspeise

Hi, I'm Linda. May I take your order?
hei eim lind^{e} mejei tejkj^{e}r oord^{e}r
hallo ich'bin Linda darf ich nehmen deine Bestellung
Hallo, mein Name ist Linda. Was darf's sein?

I'll have eggs and blueberry muffins.
eil häv egs^{e}n bluuberii maf^{e}ns
ich'werde haben Eier und Blaubeere Küchlein
Ich nehme Eier und Blaubeer-Muffins.

How do you want your eggs?
hau dj^{e} waantj^{e}r egs
wie tust du wollen deine Eier
Wie wollen Sie die Eier haben?

Sunny side up with bacon on the side.
ßaniißeidap wi~~th~~ bejk^{e}n aan~~dh~~^{e} ßajd
sonnig Seite hoch mit Speck auf die Seite
Spiegeleier mit Speck separat.

Anything to drink?
enii~~th~~ing t^{e}drink
irgendetwas zu trinken
Und zu trinken?

(hot / cold) milk	(warme / kalte) Milch	(haat / kowld) milk
yogurt	Joghurt	jowgert
(cup / mug of)	(kleine / große Tasse)	(kapef / magef) kaafii
coffee	Kaffee	
with or without	mit Milch oder schwarz	wi~~th~~ oor wi~~dh~~aut
decaf	koffeinfreier Kaffee	diikäf
tea	Tee	tii
sugar	Zucker	schuger
cream	(Kaffee-)Sahne *(man trinkt keine Milch im Kaffee)*	kriim
hot chocolate	warmer Kakao	haat tschaaklet
orange juice	Orangensaft	aarindsh dshuuß
grapefruit juice	Grapefruitsaft	grejpfruut dshuuß

Some coffee with cream, please.
ßam kaafii wi~~th~~ kriim pliis
einigen Kaffee mit Sahne bitte
Einen Kaffee mit Milch, bitte.

Regular or decaf?
regjeler oor diikäf
Normal oder koffeinfrei?

Can I have a refill?
känei häve riifil
kann ich haben eine Wiederfüllung
Kann ich noch eine Tasse Kaffee haben?

Ein (free) refill (frii) riifil *ist das kostenlose Nachschenken von Kaffee und anderen Getränken.*

Coming right up.
kamin reidap
kommend genau auf
Kommt sofort.

Restaurant, Imbiss & Café

Aussprache	Englisch	Deutsch
deinᵉr	**diner**	informelles Restaurant
trakßtaap	**truck stop**	*Art* Raststätte
delii	**deli**	besserer Sandwich-Imbiss
reßtᵉraant	**restaurant**	Restaurant
dreivthruu / dreivin	**drive-thru / drive-in**	„Durchfahr"-Restaurant
ooljᵉ känitt	**all you can eat**	Buffet, bis man satt ist
tejkaut / deinin	**take-out – dine in**	mitnehmen – hier essen
bᵉfej	**buffet**	Büfett
haatdaag ßtänd	**hotdog stand**	Würstchenbude
kaafii schaap	**coffee shop**	Café *(Kaffee und Kekse)*

Das Frühstück nehmen Amerikaner meist bis 8 Uhr zu sich. Zum lunch lantsch *(Mittagessen)* gibt es oft ein sandwich ßänwitsch. Die Standards:

Ein sandwich *gibt es* open-faced owpᵉn fejßt *(offen), doppel- und dreistöckig, oder supergroß:* grinder greindᵉr. *Auf dem* sandwich *ist immer* butter badᵉr *und* mayonnaise mejᵉniis. *Dazu kommt, je nachdem,* mustard maßtᵉrd *(Senf),* ketchup ketschap *(Ketschup) oder* relish relisch *(Chutney).*

PBJ sandwich (peanut butter and jelly)
piibidshej ßänwitsch (piinatbadᵉrᵉn dshelii)
Toast, Erdnussbutter, Marmelade (offen)

Club sandwich
klab ßänwitsch
drei Toasts, Hühnerbrust, Tomate, Speck

Reuben sandwich
ruubᵉn ßänwitsch
Pumpernickel, Käse, Corned Beef, Sauerkraut

BLT sandwich (bacon, lettuce, tomato)
bii | eltii ßänwitsch (bejkᵉn ledᵉß tᵉmejdow)
zwei Toasts, Speck, Salat, Tomate

pastrami sandwich
pᵉßtraamii ßänwitsch
zwei Toasts, geräuchertes Rindfleisch

Der Großstadtbürger lässt sich zu Mittag einen hot dog am Straßenstand zusammenstellen: ein oder zwei Würstchen (wiener wiin^e^r), geröstete Zwiebeln (onions anj^e^ns), dazu saure Gurken (pickles pik^e^ls), Senf , Ketschup. Frühstück und Mittagessen in einem heißt brunch brantsch, und abends isst man in den USA traditionell die große, warme Mahlzeit: als leichte Mahlzeit zu Hause nennt es sich supper ßap^e^r, im Restaurant oder als Festmahl jedoch dinner din^e^r.

Die großen Viehfarmen der USA haben Fleisch zur Nummer Eins auf dem Speiseplan werden lassen, am liebsten beim bar-B-Q baarbikjuu *(Grillen mit Holzkohle oder Gas).*

Anstelle eines sandwich *können Sie auch einen* wrap räp *bestellen, das ist vom Prinzip her dasselbe, nur steckt die Füllung in einem Weizenfladen.*

meat	miit	Fleisch
sirloin (steak)	ohne Knochen (groß)	ßöörloin (ßtejk)
rib eye (steak)	ohne Knochen (zart)	ribei (ßtejk)
T-bone (steak)	Mittelteil (eher fett)	tiibown (ßtejk)
tenderloin (steak)	Filet (mager)	tend^e^rloin (ßtejk)
strip (steak)	Kotelett	ßtrip (ßtejk)
spare rib	Rippenstücke	ßperrib
pork	Schweinefleisch	poork
beef	Rindfleisch	biif
chicken	Hähnchen	tschik^e^n

Bestellen Sie ein Steak, werden Sie gefragt:

Rare, medium or well-done?
rer miidj^e^m oor weldan
blutig mittel oder gut-getan
Blutig, medium oder durchgebraten?

Sie glauben, ein Hamburger sei nur fast food von den altbekannten Imbissketten? Dann müssen Sie mal einen homemade howmmejd *(selbstgemacht)* bei Amerikanern zu Hause oder in einem guten diner probieren, mmh ...

böörg^{e}r	**burger**	gebratenes Hackfleisch mit Salat und Soße im Brötchen
kwoord^{e}rpaund^{e}r	**quarterpounder**	„Viertelpfünder", sonst s. o.
tschiisböörg^{e}r	**cheeseburger**	mit Käse, sonst s. o.

Dazu gibt's dann natürlich French fries frentsch freis *(Pommes frites)* mit Ketchup (Mayonnaise gibt es in den USA nie dazu!).

Wenn Ihnen das jetzt zu langweilig war, interessiert Sie bestimmt die Vielfalt der nach Region oder Tradition unterschiedlichen main courses mejn koorß^{e}s *(Hauptgerichte)*, zu denen oft eine ganz bestimmte Beilage gehört:

töörkii with koornbred ßtafing^{e}n kränberii ßooß	**turkey with cornbread stuffing and cranberry sauce** – Truthahn mit Maisbrotfüllung und Preiselbeersauce zu Thanksgiving
koorndbiif^{e}n käbidsh	**corned beef and cabbage** – Pökelfleisch und Kohl zu St. Patrick's Day
dsh^{e}mb^{e}laaj^{e}	**jambalaya** – würziger Eintopf aus Louisiana mit Reis und diversen Bratwurst-Sorten
gambow	**gumbo** – scharfer Eintopf aus Louisiana mit Reis, Okraschoten und Fleisch oder Fisch
tschilii	**chili** – scharfer Eintopf aus Kidneybohnen und Rindfleisch aus New Mexico
b^{e}riidows with ßaalß^{e}	**burritos with salsa** Bohnen mit Salsasoße im Weizenfladen

enchilada with guacamole – gebackener Maisfladen mit Bohnen, Reis, Fleisch und Gewürzen, dazu ein Avokado-Dip	entschelaade with gwaakemowlii
succotash – Bohnen-Mais-Eintopf	ßeketäsch
baked potato with sour cream – Ofenkartoffel mit saurer Sahne	bejkt petejdow with ßauer kriim
pumpkin pie / soup – Kürbiskuchen / -suppe traditionell zu Halloween	pamken pei / ßuup
corn on the cob – Maiskolben	koorn aandhe kaab
macaroni and cheese – Nudelauflauf mit Käse	mäkerownii entschiis
spaghetti and meatballs – Spaghetti mit Fleischklößchen	ßpegedii with miitboolß
meatpie – gedeckter herzhafter Kuchen mit Fleischfüllung	miitpei

salad bar ßäled baar Salatbuffet

coleslaw	Weißkrautsalat mit Mayonnaise	kowlßloo
Caesar salad	Blattsalat mit Ei, Anchovis und Olivenöl	ßiiser ßäled
Waldorf salad	Salat mit Sellerie, Äpfeln und Walnüssen	woldoorf ßäled
tuna salad	Thunfischsalat	tuune ßäled
chef salad	gemischter Salat mit Fleisch	schef ßäled
tossed salad	grüner Salat mit Dressing	taaßt ßäled

Which dressing?
witsch dreßing
welche Salatsoße
Welche Salatsoße?

Give me ...
giv mii
gib mir
Bringen Sie mir ...

thausᵉndeilᵉnd dreßing	**Thousand Island dressing**	würzige Salatsoße mit Mayonnaise und Paprika
frentsch dreßing	**French dressing**	Vinaigrette
itäljᵉn dreßing	**Italian dressing**	Vinaigrette mit Kräutern
vinᵉgᵉr – ojl	**vinegar – oil**	Essig – Öl
ßoolt – pepᵉr	**salt – pepper**	Salz – Pfeffer
ßpeißᵉs – öörbs	**spices – herbs**	Gewürze – Kräuter

veggies	vedshiis	Gemüse
artichoke	aardᵉtschowk	Artischocke
eggplant	egplänt	Aubergine
avocado	ävᵉkaadow	Avokado
cauliflower	kooliflauᵉr	Blumenkohl
beans	biins	Bohnen
broccoli	braakᵉlii	Brokkoli
endive	endeiv	Endivie
peas	piis	Erbsen
scallion	ßkäljᵉn	Frühlingszwiebel
cucumber	kjuukambᵉr	Gurke
potato	pᵉtejdow	Kartoffel
chick peas	tschikpiis	Kichererbsen
garlic	gaarlik	Knoblauch
kohlrabi	kowlraabii	Kohlrabi
squash	ßkwaasch	Kürbis
lentils	lendᵉls	Linsen
chard	tschaard	Mangold
carrot	kerᵉt	Möhre
okra	owkrᵉ	Okraschoten
bell pepper	belpepᵉr	Paprika *(Schote)*
leek	liik	Porree
rice	reiß	Reis
Brussels sprout	braßlßpraut	Rosenkohl

Oder Tofu gefällig?
bean curd
biin köörd

beet	biit	Rote Bete
turnip	töörn^{e}p	(Weiße) Rübe
bean sprouts	biinßprautß	Sojasprossen
asparagus	^{e}ßper^{e}g^{e}ß	Spargel
spinach	ßpinitsch	Spinat
rutabaga	ruud^{e}bejg^{e}	Steckrübe
sweet potato	ßwiit p^{e}tejdow	Süßkartoffel
zucchini	suukiinii	Zucchini
onion	anj^{e}n	Zwiebel

Beim Lesen der Speisekarte hilft es auch, die Zubereitungsarten zu kennen:

broiled – roast	gegrillt – gebraten	brojld – rowßt
braised – steamed	geschmort – gedämpft	brejsd – ßtiimd
baked – fried	gebacken – fritiert	bejkt – freid
stuffed – glazed	gefüllt – glasiert	ßtaft – glejsd
smoked – pickled	geräuchert – eingelegt	ßmowkt – pik^{e}ld
poached – boiled	pochiert – gekocht	powtscht – bojld
mashed	püriert	mäscht
hash – stew	Haschee – Eintopf	häsch – ßtuu

Wenn Sie gerne Fisch und Meeresfrüchte (fish and seafood fisch^{e}n ßiifuud) mögen:

fried catfish and hushpuppies – panierter Wels mit Maismehlbällchen	freid kätfisch^{e}n haschpapiis
blackened (red)fish – Rotbarsch mit Cajun-Gewürzen, typisch für den Süden	bläk^{e}nd (red)fisch
clam chowder and oyster crackers – Muschelsuppe und ungesalzene Cracker	kläm tschaud^{e}r^{e}n ojßt^{e}r kräk^{e}rs
steamed mussels – gedämpfte Miesmuscheln	ßtiimd maß^{e}ls

Aussprache	Englisch – Deutsch
brojld laabßt^{e}r	**broiled lobster** – gegrillter Hummer
grild traut	**grilled trout** – gegrillte Forelle
ßoordfisch	**swordfish**– Schwertfisch
ojßt^{e}r bißk	**oyster bisque** – Austern-Cremesuppe
kaadfisch	**codfish** – Kabeljau (als Stockfisch)
ßäm^{e}n / laakß	**salmon / lox** – Lachs / Räucherlachs
kroofisch	**crawfish** – Süßwasserkrebse
ßkäl^{e}pß	**scallops** – Jakobsmuscheln
kräbs	**crabs** – Krabben / Krebse
schrimp	**shrimp** – Garnelen

Zu Ihrer Mahlzeit möchten Sie bestimmt etwas trinken. Wasser haben Sie ja ohnehin schon umsonst auf dem Tisch stehen.

Aussprache	Englisch	Deutsch
eißt tii	**iced tea**	Eistee
waad^{e}r	**water**	Wasser *(ohne Kohlensäure)*
milk	**milk**	Milch
milkschejk	**milk shake**	Milchshake *(mit Speiseeis)*
fruutdshuuß	**(fruit) juice**	(Frucht-)Saft
dshindsch^{e}rejl	**ginger ale**	Ingwer-Limonade
ruutbir	**root beer**	Wurzel-Limonade
kowk	**coke**	Coca Cola
ßaaftdrink / ßowd^{e}	**soft drink / soda**	Limonade

Small, medium or large?
ßmool miidj^{e}m oor laardsh
klein mittel oder groß
Klein, mittel oder groß?

Diese Frage stellt man Ihnen in Bezug auf Limonaden aller Art, Kaffee, aber auch zu Ihrer Portion Fritten. Zur gesünderen Ernährung:

fat free	0 % Fett *(Milchprodukte)*	fätfrii
low fat	fettarm *(Milchprodukte)*	low fät
low carb	wenig Kohlenhydrate	low kaarb
low cholesterol	wenig Cholesterin	low k^e^leßt^e^raal
diet	ohne Zucker *(Getränke)*	dei^e^t
light	alkoholfrei / kalorienarm	leit
caffeine free	koffeinfrei *(Cola)*	käfiin frii
decaf	entkoffeiniert *(Kaffee)*	diikäf
lean	kalorienarm *(Fleisch)*	liin
kosher	rein (nach jüdischer Regel)	kowsch^e^r
no preservatives	ohne Konservierungsstoffe	now prisöörv^e^divs

Wenn Sie eine normale Cola oder einen schwarzen Kaffee bestellen möchten, nennt sich das regular regj^e^l^e^r *(normal)*.

Erst wenn Sie über 21 Jahre alt sind, können Sie auch etwas Alkoholisches bestellen:

beer	Bier	bir
(red / white) wine	(Rot- / Weiß-)Wein	red / weit wein
champagne	Champagner / Sekt	schämpejn
(wine) cooler	Schaumwein mit Saft	wein kuul^e^r
bourbon whiskey	Bourbon Whiskey	böörb^e^n wißkii
scotch whiskey	Scotch Whiskey	ßkaatsch wißkii
cocktail	Mixgetränk	kaaktejl
eggnogg	Eierflip *(Weihnachten, oft selbst gemacht)*	egnaag
mulled wine	Glühwein *(Weihnachten)*	mald wein

Please bring me a scotch.
pliis bringmii ^e^ßkaatsch
bitte bring mir einen Scotch
Bringen Sie mir bitte einen Scotch.

ßtrejt	**straight**	ohne Eis *(Alkohol)*
aan~~dh~~e raakß	**on the rocks**	auf Eis *(Alkohol)*
wi~~dh~~aut eiß	**without ice**	ohne Eis *(Cola, Limo)*
ekän(ef)	**a can (of)**	eine Dose
ebaadl(ef)	**a bottle (of)**	eine Flasche
epitscher(ef)	**a pitcher (of)**	eine Kanne *(Bier, Wasser)*
egläß(ef)	**a glass (of)**	Glas

How was your meal?
hau wes jermiil?
wie war deine Mahlzeit
Hat es Ihnen geschmeckt?

Delicious! I'm stuffed now though.
delischeß eim ßtaft nau ~~dh~~ow
deliziös ich'bin gestopft jetzt jedoch
Hervorragend. Jetzt bin ich aber satt.

Can I get you anything else?
känei getje enii~~th~~ing els
kann ich holen dir irgendwas sonst
Möchten Sie noch etwas?

dessert	disöört	Nachtisch

piikän pei	**pecan pie**	Pecannuss-Kuchen
bluuberii pei	**blueberry pie**	Blaubeerkuchen
äplpei	**apple pie**	Apfelkuchen
(aalemowd)	**(à la mode)**	(mit Vanilleeis)
kiileimpei	**key lime pie**	Limettenkuchen
kejk (wi~~th~~ fraaßting)	**cake (with frosting)**	Kuchen mit Zuckerguss
(tschaaklet tschip) kukiis	**(chocolate chip) cookies**	(Schokoladen-)Kekse

brownie	Schokoladenschnitte	brauwnii
cobbler	Fruchtkuchen	kaabl^{e}r
jello	Wackelpudding	dshelow
ice cream	Eiscreme	eißkriim
sundae	Eisbecher mit Sauce, Sahne und Streuseln	ßandej
fruit	Obst	fruut

Zum Thema Früchte und Eiscreme jedoch mehr im Kapitel „Shopping“. Dort finden Sie auch alles zum Thema Süßigkeiten.

It was too much. Can you wrap that please?
itw^{e}s tuu matsch känj^{e} räp ~~dh~~ät pliis
es war zu viel kannst du einwickeln das bitte
Es war zu viel. Können Sie das einpacken, bitte?

No, can I have the check please?
now känei häv ~~dh~~^{e} tschek pliis
nein kann ich haben die Rechnung bitte
Nein, bringen Sie bitte die Rechnung.

Sie sollten immer 15 bis 20 % der Rechnung als Trinkgeld (tip tip) *auf dem Tisch liegen lassen, denn das ist das Haupteinkommen von* waiter wejd^{e}r *(Kellner) bzw.* waitress wejtr^{e}ß *(Kellnerin).*

Im Kino oder auf der Couch bei Freunden gibt es vielleicht:

(buttered) popcorn	Salzpopcorn (mit zerlassener Butter)	(bad^{e}rd) paapkoorn
nachos with cheese	Maischips mit Käsesoße	naatschows wi~~th~~ tschiis
bagel chips	Brötchen-Chips	bejg^{e}l tschipß
potato chips	Kartoffelchips	p^{e}tejdow tschipß
pretzels	kleine Laugenbrezeln	pretß^{e}ls
crackers with dip	salzige Kekse mit Dip	kräk^{e}rs wi~~th~~ dip

Shopping

Mit einem Smartphone können Sie sich die mit einem 👂 gekennzeichneten Sätze dieses Kapitels anhören.

Nummer Eins der Freizeitvergnügen ist für Amerikaner und Touristen shopping schaaping *(Einkaufen)* in der mall mool – einem riesigen überdachten Einkaufszentrum. Einkaufsstraßen oder Fußgängerzonen in den Innenstädten gibt es so gut wie gar nicht. Man kauft eben in der mall ein, und da ertönt in jedem Geschäft sofort eine Stimme:

Can I help you?
känei helpj^{e}
kann ich helfen dir
Kann ich Ihnen helfen?

Yes. Do you have ... ?
jeß dj^{e} häv
ja tust du haben
Ja! Haben Sie ... ?

No, I'm just looking.
now eim dshaßt lukin
nein ich'bin nur schauend
Nein danke, ich schaue mich nur um.

Die Ware ist in den allermeisten Staaten ohne Mehrwertsteuer (sales tax ßejls täkß) *ausgewiesen. Diese wird erst an der Kasse hinzuaddiert.*

shopping mall schaaping mool	überdachtes Einkaufszentrum
convenience store k^{e}nviinj^{e}ntß ßtoor	24 Stunden geöffneter Laden mit allen Dingen des täglichen Bedarf
drugstore dragßtoor	Mischung aus Drogeriemarkt und Apotheke
department store dipaartm^{e}nt ßtoor	Kaufhaus (z. B. K-mart, Walmart)
express lane ikßpreß lejn	Kasse für Eilige mit 3 bis 4 Teilen (items eid^{e}ms)

grocery store	growß^{e}rii ßtoor	Supermarkt
liquor store	lik^{e}r ßtoor	Spirituosen-geschäft
jeweler's	dshuu^{e}l^{e}rs	Juwelier
bookstore	bukßtoor	Buchhandlung
market	maark^{e}t	Markt
bakery	bejk^{e}ri	Bäcker
gift shop	giftschaap	Souvenirladen
butcher	butsch^{e}r	Metzger
cashier	käschir	Kasse
sales	ßejls	Ausverkauf

Im grocery store *packt Ihnen oft ein freundlicher Mitarbeiter Ihre Einkäufe in eine braune Papiertüte.*

How much is it?
hau matsch isit
wie viel ist es
Wie viel kostet das?

I'll take this one.
eil tejk ~~dh~~ißwan
ich'werde nehmen dies eins
Das nehme ich.

Do you have any less expensive ones?
dj^{e} häv enii leßikßpenßiv wans
tust du haben irgendein weniger teuer solche
Haben Sie auch preiswertere?

Cash or charge?
käsch oor tschaardsh
bar oder belasten
Bar oder per Kreditkarte?

Ohne Kreditkarte (credit card kredit kaard) *können Sie sich in den USA kein Auto mieten und müssen viel zu viel Bargeld mit sich herumschleppen, denn die größte Banknote ist $100!*

Kleidung kaufen

I'd like to try this on.
eid leikt^{e} trei ~~dh~~iß aan
ich'würde mögen zu probieren dies an
Ich würde das gerne anprobieren.

Shopping

Kleidergrößen sind in den USA ein wenig anders als bei uns. Bei T-Shirts kennt man die Einteilung in:

S = small
ßmool
klein

M = medium
miidj^{e}m
mittel

L = large
laardsh
groß

XL = extra large
ekßtr^e laardsh
extra groß

How does it fit?
hau dasit fit
wie tut es passen
Wie sitzt es?

Do you like it?
dj^e leikit
tust du mögen es
Wie finden Sie es?

It's great! I like it.
itß grejt ei leikit
es'ist großartig ich mag es
Es ist super. Ich mag es.

It looks very nice.
ii lukß verii neiß
es aussieht sehr schön
Es sieht sehr gut aus.

It's too small / big / short / long / tight / baggy.
itß tuu ßmool / big / schoort / long / teit / bägii
es'ist zu klein / groß / kurz / lang / eng / weit
Es ist zu klein / groß / kurz / lang / eng / weit.

My (European) size is ...
mei (jur^{e}pii^{e}n) ßeis is
meine europäische Größe ist
Ich habe (die europäische) Größe ...

Do you have this one in large / small / blue?
dj^e häv ~~dh~~ißwan in laardsh / ßmool / bluu
tust du haben dies eine in groß / klein / blau
Haben Sie dieses noch in Größe L / S / in blau?

Fast alle Farbbezeichnungen können Sie kombinieren mit:

dark daark *dunkel*

light leit *hell*

colors	kal^{e}rs	Farben			
white	weit	weiß	**black**	bläk	schwarz
gray	grej	grau	**pink**	pink	rosa
purple	pöörpl	lila	**yellow**	jelow	gelb
red	red	rot	**brown**	braun	braun
blue	bluu	blau	**green**	griin	grün
orange	aarindsh	orange	**silver**	ßilv^{e}r	silbern

clothes klows Kleidungsstücke

bandan(n)a	bändän^{e}	Kopf- / Halstuch
belt – buckle	belt – bakl	Gürtel – Schnalle
bikini	b^{e}kiinii	Bikini
blue jeans	bluu dshiins	Jeans
boots	buutß	Stiefel
bra	braa	BH
cap	käp	Kappe
coat	kowt	Mantel
dress	dreß	Kleid
gloves	glavs	Handschuhe
hat	hät	Hut
jacket	dshäk^{e}t	Jacke
pants	päntß	Hose
(panty) hose	(päntii) hows	Strumpfhose
rain gear	rejn gir	Regenkleidung
sandals	ßänd^{e}ls	Sandalen
shirt	schöört	Hemd
shoes	schuus	Schuhe
shorts	schoortß	kurze Hose
skirt	ßköört	Rock
sneakers	ßniik^{e}rs	Turnschuhe
socks	ßaakß	Socken / Strümpfe
suit	ßuut	Anzug / Kostüm
sweater	ßwed^{e}r	Pullover
swim suit	ßwim ßuut	Badehose / -anzug
tie	tei	Krawatte
turtle neck	töördl nek	Rollkragenpulli
tuxedo	t^{e}kßiidow	Smoking
T-shirt	tii | schöört	T-Shirt
underwear	and^{e}rwer	Unterwäsche
vest	veßt	Weste

Die richtigen Kleidungs- und Schuhgrößen sind so kompliziert nach Männern, Frauen und nach Art des Kleidungsstückes aufgeteilt, dass man sich am besten im Geschäft beraten lässt.

Fragt man nach einem shirt, *wird man gefragt:*

Long or short sleeves?
long oor schoort ßliivs
Lange oder kurze Ärmel?

What kind of material is this?
wat keind^{e}v m^{e}tirii^{e}l is ~~dh~~iß
was Art von Material ist dies
Aus welchem Material ist das?

cotton	kaat^{e}n	Baumwolle
silk	ßilk	Seide
(lambs)wool	(läms)wuul	(Schafs-)Wolle
synthetics	ßin~~th~~edikß	synthetisch
fleece	fliiß	Fleece
linen	lin^{e}n	Leinen
leather	le~~dh~~^{e}r	Leder

was Sie vielleicht dringend brauchen ...

... ist typischerweise etwas Wichtiges zur Körperpflege oder auch ein Päckchen Zigaretten.

I'd like ...
eidleik
ich'würde mögen
Ich hätte gern ...

^{e}piiß^{e}f	**a piece of**	ein Stück *(z. B. Seife)*
^{e}kapl^{e}f	**a couple of**	ein paar
ßam / ^{e}fjuu	**some / a few**	einige
^{e}kän^{e}f	**a can of**	eine Dose / Konserve
^{e}päk^{e}f	**a pack of**	eine Schachtel *(Zigaretten)*
^{e}pär^{e}f	**a pair of**	ein Paar *(Hose, Brille, Schere)*
^{e}rowl^{e}f	**a roll of**	ein Röllchen *(Film)*
^{e}baadl^{e}f	**a bottle of**	eine Flasche *(Shampoo)*
^{e}tuub^{e}f	**a tube of**	eine Tube *(Zahnpasta)*
^{e}baakß^{e}f	**a box of**	eine Schachtel *(Streichhölzer)*

adhesive tape	edhiißiv tejp	Klebeband
battery	bäderii	Batterie
chapstick	tschäpßtik	Lippenpflegestift
cigarettes	ßigeretß	Zigaretten
condom	kaandem	Kondom
deodorant	dii | owderent	Deodorant
detergent	ditöördshent	Waschmittel
diaper	deiper	Windel
envelope	envelowp	Briefumschlag
flipflops	flipflaapß	Badelatschen
glue	gluu	Klebstoff
matches	mätsches	Streichhölzer
needle	niidl	Nadel
razor blade	rejser blejd	Rasierklinge
repellent	ripelent	Insektenschutzmittel
saline solution	ßejliin ßeluuschen	Kochsalzlösung
sanitary napkin	ßäniterii näpkin	Damenbinde
scissors	ßisers	Schere
shampoo	schämpuu	Shampoo
shoelace	schuulejß	Schnürsenkel
skin lotion	ßkin lowschen	Hautcreme
soap	ßowp	Seife
(sun)glasses	(ßan)gläßes	(Sonnen-)Brille
suntan lotion	ßantän lowschen	Sonnencreme
tampon	tämpaan	Tampon
thread	thred	Faden
tissue	tischuu	Taschentuch
tobacco	tebäkow	Tabak
toothbrush	tuuthbrasch	Zahnbürste
toothpaste	tuuthpejßt	Zahnpasta

with filter withfilter
mit Filter

with factor with fäkter
mit Faktor

Lebensmittel einkaufen

Hier nenne ich nur die Lebensmittel, die nicht schon im Kapitel „Essen & Trinken“ vorkamen. Diese Liste hilft Ihnen auch beim Verstehen der unzähligen Eissorten (ice cream flavors eißkriim flejv^e^rs), die es in den USA gibt.

frozen yogurt frows^e^n joug^e^rt *Jogurteis*

Which flavor would you like?
witsch flejv^e^r wudj^e^ leik
welcher Geschmack würdest du mögen
Welche Sorte möchten Sie?

popsicle paapßikl *Wassereis*

Cup or cone?
kap oor kown
Becher oder Hörnchen
Becher oder Waffel?

How many scoops?
hau menii ßkuupß
wie viele Schöpflöffel
Wie viel Bällchen?

sherbet schöörb^e^t *Sorbet*

sundae ßandej *Eisbecher mit Soße*

With hot fudge?
with haat fadsh
mit heiß Fondant
Mit warmer Schokoladensoße? *(dickflüssig)*

Which topping?
witsch taaping
welche Garnierung
Welche Streusel?

Hilfreich bei der Auswahl:

assorted ^e^ßoord^e^d *gemischt*

butter bad^e^r *Butter*

fruits and nuts	fruutß^e^natß	Früchte und Nüsse
almond	äm^e^nd	Mandarine
apple	äpl	Apfel
apricot	äprikaat	Aprikose
banana	b^e^nän^e^	Banane
berry	berii	Beere
blueberry	bluuberii	Blaubeere
blackberry	bläkberii	Brombeere
Brazil nut	br^e^sil nat	Paranuss

cashew	käschuu	Cashew
chocolate	tschaakl^{e}t	Schokolade
cranberry	kränberii	Preiselbeere
cherry	tscherii	Kirsche
grape	grejp	Traube
grapefruit	grejpfruut	Grapefruit
hazelnut	hejs^{e}lnat	Haselnuss
hickory	hik^{e}rii	Hickory-Nuss
lemon – lime	lem^{e}n - leim	Zitrone - Limette
macadamia	mäk^{e}dejmi^{e}	Makadamia-Nuss
melon	mel^{e}n	Melone
orange	aarindsh	Apfelsine
peach	piitsch	Pfirsich
peanut	piinat	Erdnuss
pear	per	Birne
pecan	piikän	Pecannuss
pineapple	peinäpl	Ananas
pistachio	pißtäschii | ow	Pistazie
plum	plam	Pflaume
raspberry	räsberii	Himbeere
sprinkles	ßprink^{e}ls	Streusel
strawberry	ßtrooberii	Erdbeere
tangerine	tändsh^{e}riin	Mandarine
walnut	woolnat	Walnuss

candied kändiid
kandiert

chunk tschank
Stück

cookies 'n cream
kukiis^{e}nkriim
mit Keksen und Sahne

glazed glejsd
mit Zuckerguss

(honey) roasted
(hani) rowßt^{e}d
(mit Honig) geröstet

in shell in schel
mit Schale (Nüsse)

(un)salted (an)ßoolt^{e}d
(un)gesalzen

Souvenirs einkaufen

Zu den besten Mitbringseln aus den USA gehört sicherlich die Vielfalt an andersartigen Süßigkeiten, die dort hergestellt werden.

candy kändii Süßigkeiten

bridl	**brittle**	Karamelisiertes (Krokant)
kändii baar	**candy bar**	süßer Riegel
tschaaklet baar	**chocolate bar**	Schokoriegel
gam draapß	**gum drops**	Weingummi
dshelii biins	**jelly beans**	Gummibohnen
likeriß	**licorice**	Lakritz
leifßejver	**livesaver**	Pfefferminzbonbon (*wörtl:* Lebensretter)
maarschmälow	**marshmallow**	Schaumzuckerstückchen, die die Amerikaner über offenem Feuer rösten
ßoolt waader täfi	**salt water taffy**	weiche Maissirup-Bonbons
howmmejd	**homemade**	hausgemacht

jewelry dshuuelrii Schmuck

earring	iring	Ohrringe
necklace	nekleß	Kette
pendant	pendent	Anhänger
bracelet	brejßlet	Armband
ring	ring	Ring
pin	pin	Anstecknadel
watch (band)	waatsch (bänd)	Uhr(enband)
brooch	browtsch	Brosche

What's this made of?
watß ~~dh~~iß mejdef
was'ist dies gemacht von
Woraus ist das?

gold	gowld	Gold
carat	keret	Karat
platinum	plätnem	Platin
silver	ßilver	Silber
sterling	ßtöörling	Sterlingsilber *(925er)*
plated	plejded	vergoldet / versilbert
diamond	deimend	Diamant / Brilliant
gem	dshem	Edelstein
bead	biid	Schmuckperle
pearl	pöörl	(echte) Perle
brass	bräß	Messing
copper	kaaper	Kupfer
pewter	pjuuder	Zinn
steel	ßtiil	Stahl
porcelain	poorßlen	Porzellan
stoneware	ßtownwer	Steingut
redware	redwer	Terracotta
glass	gläß	Glas
plastic	pläßtik	Plastik
wood	wud	Holz

Wenn Sie richtig typische amerikanische Souvenirs suchen, achten Sie auf alles, was sich Handarbeit nennt:

hand- händ *hand-*

-made mejd *-gemacht*
-crafted kräfted *-gearbeitet*
-carved kaarvd *-geschnitzt*
-knitted nided *-gestrickt*
-woven wowven *-gewebt*

Sollte etwas kaputtgegangen sein, können Sie fragen, ob man es Ihnen reparieren kann:

This broke, can you fix it?
~~dh~~iß browk känje fikßit
dies brach kannst du reparieren es
Das ist kaputt. Können Sie es reparieren?

crafts kräftß Handwerk

Ganz traditionelle Souvenirs finden Sie bei den Indianern.

Aussprache	Englisch	Deutsch
bäßk^{e}t	**basket**	Korb
baan^{e}t	**bonnet**	Häuptlings-Federhaube
bow^{e}nerow	**bow and arrow**	Bogen und Pfeil
drams	**drums**	Trommel
fedisch (daal)	**fetish (doll)**	Fetisch(-Puppe)
maak^{e}ß^{e}ns	**moccasins**	Wildlederschuhe
piißpeip	**peace pipe**	Friedenspfeife
rag	**rug**	Teppich
ßänd pejnding	**(sand) painting**	(Sand-)Bild
ßkal	**skull**	Schädel
driim kätsch^{e}r	**dream catcher**	Traumfänger
taam^{e}haak	**tomahawk**	Wurfaxt, „Kriegsbeil“

Weitere traditionelle Souvenirs aus der Zeit der ersten Einwanderer finden Sie in den Amisch-Siedlungen (Amish settlements aamisch ßedlm^{e}ntß) in Pennsylvania und Ohio. Sie haben bis heute eine recht „altmodische“ Lebensart aufrechterhalten. Ein paar traditionelle und moderne Souvenirs aus Amerika:

Aussprache	Englisch	Deutsch
krißm^{e}ß ßtaaking	**christmas stocking**	Weihnachtsstrumpf für Geschenke *(wird in den Kamin gehängt)*
bejßbool bät / mit	**baseball bat / mitt**	Baseball-Schläger / -Fanghandschuh
bulwip	**bull whip**	Bullenpeitsche
kauboj hät / buutß	**cowboy hat / boots**	Cowboy-Hut / -Stiefel
kaafii mag	**coffee mug**	große Kaffeetasse
futbool	**football**	Fußball (amerikanisch)
häm^{e}k	**hammock**	Hängematte
mejlbaakß	**mailbox**	Briefkasten
paaderii	**pottery**	Keramik

quilt	Steppdecke, genäht in Patchwork-Technik	kwilt
refrigerator magnet	Kühlschrank-Magnet	rifridsherejder mägnet
rocking chair	Schaukelstuhl	raakin tscher
chaps	Cowboy-Lederhose	tschäpß
spur (straps)	Sporn (Sporenschnalle)	ßpöör (ßträpß)
wheelbarrow	Schubkarre	wiilberow
wooden toys	Holzspielzeug	wuden tojs

Unterwegs

Damit Sie Land und Leute kennenlernen, müssen Sie große Entfernungen zurücklegen.

I'd like a map of the city, please.
eid leike mäpev ~~dh~~e ßidii pliis
ich'würde mögen eine Karte von die Stadt bitte
Ich möchte gerne einen Stadtplan, bitte.

this area
dhißeriie
dieses Gebiet

downtown LA
dauntaun el | ej
Los Angeles Zentrum

Wohin Sie auch wollen, Sie müssen sicherlich einmal nach dem Weg fragen:

Excuse me, how do I get to ... ?
ikßkjuusmii hau duu | ei get te
enschuldige mich wie tue ich kommen zu
Entschuldigung, wie komme ich zu ... ?

the Bay Area
dhe bej eriie
Region San Francisco

Where can I find a car rental?
wer känei feind ekaar rendel
wo kann ich finden ein Auto Vermietung
Wo ist eine Autovermietung?

the Great Lakes
~~dh~~^{e} grejt lejkß
die Großen Seen

the Yellowstone Park
~~dh~~^{e} jelowßtown paark
der Yellowstone Park

the Grand Canyon
~~dh~~^{e} gränkänj^{e}n
der Grand Canyon

the Florida Keys
~~dh~~^{e} flaar^{e}d^{e} kiis
Inselkette vor Florida

Straight down this road, ...
ßtrejt daun ~~dh~~ìß rowd
geradeaus hinab diese Straße
Geradeaus diese Straße runter, ...

... then take a left / right at the intersection.
~~dh~~en tejk ^{e}left / ^{e}reit ät ~~dh~~i ind^{e}rßeksch^{e}n
dann nimm ein links / rechts an die Kreuzung
... dann nach links / rechts an der Kreuzung.

How long does it take to get there?
hau long dasit tejkt^{e} get ~~dh~~er
wie lang tut es nehmen zu ankommen dort
Wie lange braucht man bis dort?

Can you show it to me on the map?
känj^{e} schowit t^{e}mii aan~~dh~~^{e} mäp
kannst du zeigen es zu mir auf die Karte
Können Sie mir das auf der Karte zeigen?

Bei einer Wegbeschreibung wird gerne unterteilt in:

first ... then / next
föörßt ... ~~th~~en /nekßt
zuerst ... dann / anschließend

here ... there
hir ... ~~dh~~er
hier ... dort

(on the) left	(aan~~dh~~^{e}) left	links
(on the) right	(aan~~dh~~^{e}) reit	rechts
straight (ahead)	ßtrejt (^{e}hed)	geradeaus
up	ap	hinauf
down	daun	hinab
at – to	ät – tuu	bei, an – bis zu
from – toward	fraam – toord	von – auf ... zu
thru / through	~~th~~ruu	(hin)durch
next to	nekßt^{e}	neben
close to	klowßt^{e}	in Nähe von
near(by)	nir(bei)	in der Nähe
far (away)	faar(^{e}wäj)	weit (weg)
(a bit) further	(^{e}bit) föör~~dh~~^{e}r	(etwas) weiter

across	ekraaß	(gegen)über
in front of	infraandef	vor
behind	biheind	hinter
after	äfter	hinter, nach
back	bäk	zurück
under(neath)	ander(nii~~th~~)	unter(halb)
(cross) over	(kraaß) owver	über(queren)
above	ebav	über, oben
inside	inßeid	innen
outside	autßeid	außen

Bei Richtungsangaben verweist man auch gerne auf die Farbe eines Gebäudes, siehe Kapitel „Shopping".

Das kombiniert man dann mit passenden landmarks ländmaarkß *(Orientierungspunkten).*

big building	big bilding	großes Gebäude
bridge	bridsh	Brücke
bus stop	baß ßtaap	Bushaltestelle
cathedral	ke~~th~~iidrel	Kathedrale
church	tschöörtsch	Kirche
corner	koorner	Ecke
crosswalk	kraaßwook	Zebrastreifen
curve	köörv	Kurve
dead end	dedend	Sackgasse
detour	diitur	Umleitung
district	dißtrik(t)	Bezirk
downtown	dauntaun	Innenstadt
exit	ekßet	Ausfahrt
factory	fäkteri	Fabrik
hill	hil	Hügel
hospital	haaßpidel	Krankenhaus
hotel	howtel	Hotel
intersection / junction	inderßekschen / dshankschen	Kreuzung

In Straßennamen kommen viele Begriffe vor, und es gibt feststehende Abkürzungen dafür:

alley (Aly) älii *(Gasse)*
avenue (Ave) ävenuu
boulevard (Blvd) bulevaard
court (Ct) koort *(Wohnhof)*
drive (Dr) dreiv
lane (Ln) lejn
place (Pl) plejß *(Platz)*
road (Rd) rowd
square (Sq) ßkwer *(Platz)*
street (St) ßtriit
way (Wy) wej

lights	leitß	Ampel
museum	mjuusii^{e}m	Museum
one-way street	wanwej ßtriit	Einbahnstraße
park	paark	Park
parking lot	parking laat	Parkplatz
railroad tracks	rejlrowd träkß	Bahnschienen
sign	ßein	Schild
station	ßtejsch^{e}n	Bahnhof
toll plaza	towl pläs^{e}	Mautstation
tower	tau^{e}r	Turm, Hochhaus
tunnel	tan^{e}l	Tunnel
turnpike	töörnpeik	mautpflichtige Autobahn

Die oft den ganzen Ort durchlaufenden, schnurgeraden Stadtstraßen werden oft in Abschnitte entsprechend den Himmelsrichtungen unterteilt, wobei der Stadtmittelpunkt als Bezugsort dient:

N = North noor~~th~~ *Nord*
W = West weßt *West*
S = South ßau~~th~~ *Süd*
E = East iißt *Ost*
Upper ap^{e}r *obere(r)*
Lower low^{e}r *untere(r)*

Auch für Fernstraßen gibt es Abkürzungen, die auf Schildern und Karten stehen. Stadtautobahnen heißen expressway (Expwy) ikßpreßwej, die (kostenlosen) Autobahnen freeway (Fwy) friiwej, gärtnerisch gestaltete Schnellstraßen parkway (Pkwy) paarkwej, Bundesautobahnen interstate (I) ind^{e}rßtejt, Landstraßen (der Bundesstaaten) highway (Hwy) heiwej, und Dammstraßen am Wasser causeway (Cswy) kaaswej.

Egal, ob Sie mit Flugzeug, Zug, Langstreckenbus oder Schiff verreisen wollen, dieses Vokabular gilt für alle:

Is there a bus / flight service to ... ?
is ~~dh~~er^{e} baß / fleit ßöörviß tuu
ist dort ein Bus / Flug Dienst zu
Gibt es einen Bus / Flug nach ... ?

When's the next / last train to ... ?
wens ~~dh~~^{e} nekßt / läßt trejn tuu
wann'ist der nächste / letzte Zug nach
Wann geht der nächste / letzte Zug nach ... ?

Where do I have to change trains / busses?
wer duu | ei hävt^{e} tschejndsh trejns / baß^{e}s
wo tue ich haben zu wechseln Züge / Busse
Wo muss ich umsteigen?

Can you tell me when we're there, please.
känj^{e} telmii wen wir ~~dh~~er pliis
kannst du erzählen mir wenn wir'sind da bitte
Können Sie mir Bescheid geben, wenn wir da sind, bitte?

How long does the trip / flight take?
hau long das ~~dh~~^{e} trip / fleit tejk
wie lang tut die Reise / Flug nehmen
Wie lange dauert die Reise / der Flug?

fare	fer	Fahr- / Flugpreis
ticket	tik^{e}t	Fahr- / Flugschein
one-way	wanwej	einfache Fahrt
round-trip	raund trip	hin und zurück
reservation	res^{e}rvejsch^{e}n	Reservierung
schedule	ßkedshuul	Fahrplan
delayed	dilejd	verspätet
destination	deßtinejsch^{e}n	Zielort
departure	dipaartsch^{e}r	Abfahrt
arrival	^{e}reiv^{e}l	Ankunft
connection	k^{e}neksch^{e}n	Verbindung
check in	tschekin	einchecken

Man kann sein Gepäck in amerikanischen Langstreckenzügen so wie am Flughafen aufgeben. Auch hier darf das Gepäck nicht schwerer als 75 lbs. sein. Mit dem Gepäckschein (claim check klejm tschek) *bekommt man es an der Gepäckausgabe innerhalb einer halben Stunde nach Ankunft wieder.*

boarding pass	boording päß	Bordkarte
first / second class	fööřßt / ßek^{e}nd kläß	erste / zweite Klasse
passenger	päß^{e}ndsh^{er}	Passagier
reclining	rikleining	verstellbar
window	window	Fenster
aisle	eil	Gang
seat	ßiit	Sitz
reserved	risöörvd	reserviert
on board	aanboord	an Bord
non-smoking	naanßmowking	Nichtraucher
occupied	aakjuupeid	besetzt *(Toilette)*
baggage claim	bägidsh klejm	Gepäckausgabe
desk	deßk	Schalter

Is this seat taken?
is ~~dh~~iß ßiit tejk^{e}n
ist dieser Sitz genommen
Ist hier frei?

How much is it to ... ?
hau matsch isit tuu
wie viel ist es zu
Wie viel kostet es bis ... ?

by bus & train bei baß^{e}n trejn mit Bus & Bahn

AMTRAK ämträk bietet überregionale Zugverbindungen an, und Greyhound grejhaund ist eine bekannte Reisebusgesellschaft. Für regionale oder innerörtliche Strecken gibt es Nahverkehrszüge, U-Bahnen, Straßenbahnen, und Busse.

subway	ßabwej	U-Bahn
cable car	kejbl kaar	Straßenbahn *(San Francisco)*
airtrain	ertrejn	Schwebebahn
platform	plätfoorm	Bahnsteig
track	träk	Gleis
sleeper	ßliip^{e}r	Schlafwagen
dining car	deining kaar	Speisewagen
auto train	aadow trejn	Autowagen
terminal	töörm^{e}n^{e}l	Busbahnhof
bus stop	baß ßtaap	Bushaltestelle
line	lein	Linie

Zur Benutzung der subway *in New York müssen Sie sich ein* token towk^{e}n *(Eintrittsmünze) oder die* Metrocard metrowkaard *(U-Bahn-Dauerkarte) kaufen.*

by taxi / cab bei täkßii / käb mit dem Taxi

To the airport / train station, please.
tuu ~~dh~~i erpoort / trejn ßtejsch^{e}n pliis
zu der Flughafen / Zug Station bitte
Zum Flughafen / Bahnhof, bitte.

Achten sie darauf, dass Ihr Taxi mit Taxameter ausgestattet (metered miid^{e}rd) ist, dann behalten Sie den Überblick darüber, was Sie am Ende bezahlen müssen.

Could you stop here, please?
kudj^{e} ßtaap hir pliis
kannst du halten hier bitte
Bitte halten Sie hier an.

Es ist üblich, dem cab driver käb dreiv^{e}r *(Taxifahrer) 15 % des Fahrpreises als Trinkgeld zu geben.*

Es gibt auch besondere Arten von Taxis, wie die luxuriöse Stretch-Limousine (limousine lim^{e}siin) *und das Pendeltaxi* (shuttle schadl).

by plane bei plejn mit dem Flugzeug

erpoort	**airport**	Flughafen
töörm^{e}n^{e}l	**terminal**	Halle
gejt	**gate**	Flugsteig
fleit namb^{e}r	**flight number**	Flugnummer
ikaan^{e}mi	**economy (class)**	Touristen(klasse)
bisn^{e}ß	**business (class)**	Geschäfts(klasse)
iitik^{e}t	**e-ticket**	elektronisches Ticket
kerii | aan bägidsh	**carry-on baggage**	Handgepäck
k^{e}nfööm	**confirm**	bestätigen *(Flug)*
käntß^{e}l	**cancel**	stornieren
fleid^{e}tend^{e}nt	**flight attendant**	Steward(ess)
friikw^{e}nt flei^{e}r	**frequent flyer**	Vielflieger
apgrejd	**upgrade**	Aufstufung *(z. B. von* business *auf* economy*)*
er ßikn^{e}ß bäg	**air sickness bag**	„Kotztüte“

Do you have anything to declare?
dj^{e} häv enii~~th~~ing t^{e}dikler
tust du haben irgendetwas zu verzollen
Haben sie etwas zu verzollen?

Open the suitcase / bag, please.
owp^{e}n ~~dh~~^{e} ßuutkejß / bäg pliis
öffnen den Koffer / Tasche bitte
Öffnen Sie den Koffer / die Tasche, bitte.

by boat / ship bei bowt / schip mit dem Schiff

cabin	käbin	Kabine
deck	dek	Deck
lifeboat	leifbowt	Rettungsboot

life jacket	leif dshäket	Schwimmweste
pier	pir	Landungsbrücke
port / harbor	poort / haarber	Hafen
seasick	ßiißik	seekrank

How long does the cruise / crossing take?
hau long das ~~dh~~e kruus / kraaßing tejk
wie lange tut die Fahrt / Überfahrt nehmen
Wie lange dauert die Fahrt / Überfahrt?

car rental kaar rendel Autovermietung

Wenn Sie über 25 Jahre alt sind, eine Kreditkarte besitzen und einen internationalen Führerschein mitgebracht haben, können Sie in den USA ein Fahrzeug mieten.

I'd like to rent a ... / an automatic.
eid leikte rente ... / enaademädik
ich'würde mögen zu mieten ein ... / ein Automatik
Ich möchte einen ... / Automatikauto mieten.

car – vehicle	kaar – viiekl	Auto – Wagen
sedan	sidän	Viertürer
convertible	kenvöördebl	Cabrio
four wheel drive	foorwiil dreiv	Geländewagen
station wagon	ßtejschen wägen	Kombi
limo	limow	Stretch-Limo
motorcycle	mowderßeikl	Motorrad
bike	beik	Fahr-, Motorrad
truck	trak	LKW
pickup (truck)	pikap trak	Kleinransporter
RV	aarvii	Wohnmobil

Einige Bootstypen:
ferry ferii Fähre
hydrofoil heidrefojl Tragflächenboot
hovercraft haverkräft Luftkissenboot
sailboat ßejlbowt Segelschiff
steamboat ßtiimbowt Dampfschiff
yacht jaat Yacht

Amerikaner können in den meisten Bundesstaaten Ihren Führerschein (driver's license dreivers leißentß) *mit 16 Jahren machen, in NY erst mit 18.*

In Flugzeug und Auto: fasten your seat belt fäßen jer ßiitbelt *oder salopper:* buckle up bakelap *(Anschnallen!).*

Ein pickup *hat eine offene Ladefläche.*

RV = recreational vehicle rekrii | ejschenel viiekl *„Erholungsfahrzeug".*

Rechts vor links gibt es nicht. Ist keine Vorfahrtsstraße ausgeschildert, muss jeder anhalten (meist steht dort an jeder Straße ein Stoppschild). Derjenige, der als erster da war, darf auch als erster wieder losfahren.

How many miles are included in the price?
hau menii meils aar inkluud^{e}d in~~dh~~^{e} preiß
wie viele Meilen sind inbegriffen in dem Preis
Wie viel Meilen sind im Preis inbegriffen?

Is full comprehensive insurance included?
is ful kaampr^{e}hentßiv inschur^{e}ntß inkluud^{e}d
ist voll umfassende Versicherung inbegriffen
Ist eine Vollkaskoversichung enthalten?

Die Geschwindigkeit misst man in Meilen pro Stunde (mph meils p^{e}rau^{e}r). Auf Verkehrsschildern steht speed limit ßpiidlimit *(Höchstgeschwindigkeit)* oder reduce speed riduuß ßpiid:

Besonders in den westlichen Bundesstaaten ist right turn on red reit töörn aan red *(rechts abbiegen bei roter Ampel) generell erlaubt, außer es ist explizit verboten. Ein spezielles Zeichen wie den „grünen Pfeil" ostdeutscher Herkunft gibt es in den USA nicht.*

30–35 mph	in Ortschaften (48–56 km/h)
35–45 mph	auf Nebenstraßen (56–72 km/h)
55 mph	auf highways (88 km/h)
65 mph	auf Interstates (104 km/h)

Das Schild radar control rejd^{e}r k^{e}ntrowl warnt vor Radarkontrollen. Mautstraßen (toll roads towl rowds bzw. turnpike töörnpeikß, letzteres bezeichnet dann auch die Mautstellen) gibt es vor allem an der Ostküste.

Pay toll ahead pej towl ^{e}hed	Achtung Mautstelle!
Exact change igsäkt tschejndsh	Passendes Kleingeld bereithalten!
Change given tschejndsh giv^{e}n	Wechselgeld wird gegeben

gas station gäß ßtejsch^{e}n Tankstelle

Auch an der Tanksäule misst man in den USA mit anderen Maßen, nämlich pro gallon (gal) gäl^{e}n; 1 gallon sind 3,79 Liter. Öl misst man in quart (qt) kwoort; 1 quart sind 0,94 Liter.

Fill it up, please.
filidap pliis
füllen es auf bitte
Bitte volltanken.

I need one quart of oil.
ei niid wan kwoord^{e}f ojl
ich brauche ein Quart von Öl
Ich brauche ein Quart Öl.

Could you check oil / water / tire pressure, please?
kudj^{e} tschek ojl / waad^{e}r / tei^{e}r presch^{e}r pliis
könntest du prüfen Öl / Wasser / Reifen Druck bitte
Können Sie bitte mal nach dem Öl / Wasser / Reifendruck sehen?

What fuel does it take?
wat fjuul dasit tejk
was Kraftstoff tut es nehmen
Was tankt das Fahrzeug?

unleaded	anled^{e}d	bleifrei
regular	regj^{e}l^{e}r	87 Oktan Benzin
midgrade	midgrejd	89 Oktan Benzin
premium	priimii^{e}m	91 Oktan Benzin
super	ßuup^{e}r	Super (91 Oktan)
diesel	diis^{e}l	Diesel

Auf der Suche nach einem Parkplatz sollte man Ausschau halten nach: parking lot / garage paarking laat / g^{e}raash *(Parkplatz / Parkhaus).*

Auf dem Schild für „Vorfahrt gewähren" steht zusätzlich yield jiild.

caution kaasch^{e}n
Vorsicht!

danger dejndsh^{e}r
Gefahr!

no entry now entrii
Keine Einfahrt!

ped-xing ped kraaßing
Achtung Fußgängerüberweg!

breakdown brejkdaun Panne

Wenn Sie mit dem Wagen liegen geblieben sind, sollten Sie sich um einen tow truck tow trak kümmern, der Sie zur nächsten Werkstatt (repair shop riper schaap) abschleppt.

I've got a flat tire / dead battery.
eiv gaad^{e} flät tei^{e}r / ded bäd^{e}rii
ich'habe bekommen ein platter Reifen / leere Batterie
Ich habe einen Platten / leere Batterie.

The ... is broken / won't work.
~~dh~~^{e} ... is browk^{e}n / wownt wöörk
der/die/das ... ist kaputt / will'nicht arbeiten
Der ... ist kaputt / funktioniert nicht.

Can you fix it?
känj^{e} fikßit
kannst du reparieren es
Können Sie das reparieren?

Wichtig bei Reisen im Sommer ist die Klimaanlage: air conditioning (AC) erk^{e}ndisch^{e}ning (ejßii)

accelerator	^{e}kßel^{e}rejd^{e}r	Gaspedal
battery	bäd^{e}rii	Batterie
brakes	brejkß	Bremsen
bumper	bamp^{e}r	Stoßstange
clutch	klatsch	Kupplung
fan belt	fänbelt	Keilriemen
first gear	föörßgir	erster Gang
gearshift	girschift	Schaltknüppel
headlights	hedleitß	Scheinwerfer
hood	hud	Motorhaube
motor	mowd^{e}r	Motor

muffler	mafl^{e}r	Auspuff
neutral	nuutr^{e}l	Leerlauf *(Getriebe)*
radiator	rejdii | ejd^{e}r	Kühler
reverse	rivöörß	Rückwärtsgang
shift	schift	schalten
tail light	tejl leit	Rücklicht
tire	tei^{e}r	Reifen
transmission	tränsmisch^{e}n	Getriebe
trunk	trank	Kofferraum
wheel	wiil	Rad
wipers	weip^{e}rs	Scheibenwischer

Die Telefonnummer für Notfälle (Krankenwagen, Feuerwehr, Polizei) ist 911, *es sei denn, auf den Straßenschildern ist explizit eine andere angegeben.*

Vielleicht möchten Sie aber auch erst einmal Vorbeifahrende um Hilfe bitten:

Hi. Thanks for stopping. My car broke down.
hei thänks f^{e}r ßtaaping mei kaar browkdaun
hallo danke für anhaltend mein Auto brach hinab
Hallo. Danke für's Anhalten. Mein Auto ist liegen geblieben.

Do you have jumper cables?
dj^{e} häv dshamp^{e}r kejbls
tust du haben Springer Kabel(Mz.)
Haben Sie ein Startkabel?

flashlight	fläschleit	Taschenlampe
fuse	fjuus	Sicherung
pliers – jack	plei^{e}rs – dshäk	Zange – Wagenheber
screwdriver	ßkruudreiv^{e}r	Schraubenzieher
spare part	ßperpaart	Ersatzteil
spark plug	ßpaarkplag	Zündkerze
tool – water	tul – waad^{e}r	Werkzeug – Wasser
wrench	rentsch	Schraubenschlüssel

by bike (bicycle) bei beik (beißikl) mit dem Rad

Wenn Sie viel Zeit mitgebracht haben und Sie sich mit dem Fahrrad durch die Staaten bewegen oder auch nur eines gemietet haben, noch ein wenig Vokabular dazu:

brake	brejk	Bremse
chain	tschejn	Kette
gearshift lever	girschift lev^e^r	Schalthebel
handlebars	händlbaars	Lenker
luggage racks	lagidsh räkß	Gepäckträger
mudguard	madgaard	Schutzblech
pannier	pänj^e^r	Packtasche
pedal	ped^e^l	Pedal
saddle	ßädl	Sattel
spoke	ßpowk	Speiche
tire repair kit	tei^e^r riper kit	Flickzeug
tube	tuub	Schlauch
valve	välv	Ventil

accident äkß^e^d^e^nt Unfall

Zur ärztlichen Versorgung finden Sie mehr im Kapitel „Apotheke & Arzt".

Falls es zu diesem unangenehmen Fall kommen sollte, die passenden Wendungen:

I had an accident.
ei häd^e^n äkß^e^d^e^nt
ich hatte ein Unfall
Ich hatte einen Unfall.

Nobody's injured.
nowbaadiis indsh^e^rd
niemand'ist verletzt
Keiner ist verletzt.

Please call an ambulance!
pliis kool ^{e}nämbj^{e}l^{e}ntß
bitte rufen ein Krankenwagen
Rufen Sie bitte einen Krankenwagen!

Please help me!
pliis helpmii
bitte helfen mir
Bitte helfen Sie mir!

taking photos tejking fowdows fotografieren

Ein weitaus angenehmerer Aspekt des Unterwegsseins in den USA ist die Überfülle an möglichen Fotomotiven. Amerikaner sind unkompliziert, wollen aber beim Fotografieren um Zustimmung gefragt werden und kennen ihre Persönlichkeitsrechte. Bitte niemals Native Americans ohne Erlaubnis ablichten, diese haben deutlich größere Bedenken!

(digital) camera	didsh^{e}d^{e}l kämr^{e}	(Digital-)Kamera
photo(graph)	fowdow (fowd^{e}gräf)	Foto
picture	piktsch^{e}r	Bild (= Foto)
memory card	mem^{e}rii kaard	Speicherkarte
film – flash	film – fläsch	Film – Blitz(licht)
lens – format	lenß – formät	Objektiv – Format
develop	divel^{e}p	entwickeln

Excuse me, may I take a photograph of you?
ikskjuusmii mäj ei täjk^{e} fowd^{e}gräf^{e}v juu
entschuldige mich darf ich nehmen eine Fotografie von du
Entschuldigen Sie, darf ich ein Foto von Ihnen machen?

I'd like one print-out each of all the photos on this card.
eid leik wan printaut iitsch^{e}v ool ~~dh~~^{e} fowdows on ~~dh~~iß kaard
ich'würde mögen ein Ausdruck jeweils von alle die Fotos auf diese Karte
Ich hätte gern je einen Ausdruck von allen Fotos auf dieser Karte.

Übernachten

Mit einem Smartphone können Sie sich die mit einem 👂 gekennzeichneten Sätze dieses Kapitels anhören.

Im Allgemeinen sind Zimmer in den USA standardmäßig mit einem Doppelbett ausgestattet. Der Preis gilt pro Zimmer, egal wie viele darin übernachten. Wenn Sie ein Schild oder eine Leuchtschrift **no vacancy** now vejk^{e}ntsii sehen, ist kein Zimmer mehr frei.

hotel	howtel	Hotel
motel	mowtel	Autofahrer-Hotel
inn	in	kleines Hotel
lodge	laadsh	kleines Hotel; Hütte
cabin	käbin	Hütte
bungalow	bang^{e}low	Bungalow, Hütte
cottage	kaadidsh	Ferienhaus
guesthouse	geßthauß	Gästehaus
youth hostel	juuth haaßt^{e}l	Jugendherberge
bed and breakfast	bed^{e}n brekf^{e}ßt	Privatpension mit Frühstück
camp site	kämp ßeit	Campingplatz
resort	risoort	Ferienanlage
apartment	^{e}paartm^{e}nt	Wohnung
suite	ßwiit	Wohnung; *auch:* Hotelsuite
farm	faarm	Farm, Bauernhof
ranch	räntsch	Rinderfarm

👂 **I'd like a room with ... , please.**

eid leik^{e} ruum with ... pliis

ich'würde mögen ein Zimmer mit ... bitte

Ich hätte gern ein Zimmer mit ... , bitte.

... a double bed	^{e}dabl bed	Doppelbett
... a twin size bed	^{e}twinßeis bed	1 x 2 m breites Bett
... a queen size bed	^{e}kwiinßeis bed	1,5 x 2,2 m Doppelbett
... a king size bed	^{e}kingßeis bed	1,9 x 2,2 m Doppelbett
... water bed	^{e}waad^{e}r bed	Wasserbett
... air-con – a fan	erkaan – ^{e}fän	Klimaanlage – Ventilator
... a shower – a bathtub	^{e}schau^{e}r – ^{e}bä~~th~~tab	Dusche – Badewanne
... a jacuzzi / a whirlpool	^{e}dsh^{e}kuusii / ^{e}wöörlpuul	Whirlpool

Can I see the room please?
känei ßii ~~dh~~^{e} ruum pliis
kann ich sehen das Zimmer bitte
Kann ich bitte das Zimmer sehen?

It's too small. Do you have a bigger one?
itß tuu ßmool dj^{e} häv^{e} big^{e}r wan
es'ist zu klein tust du haben ein größer eines
Es ist zu klein. Haben Sie ein größeres?

big – smaller
big – ßmool^{e}r
groß – kleiner

Is breakfast included?
is brekf^{e}ßt inkluud^{e}d
ist Frühstück inbegriffen
Ist Frühstück im Preis inbegriffen?

expensive – less expensive
ikßpenßiv – leßikßpenßiv
teuer – billiger

We serve a free continental breakfast.
wii ßöörv^{e} frii kaant^{e}nent^{e}l brekf^{e}ßt
wir servieren ein frei kontinentales Frühstück
Sie bekommen ein Frühstück umsonst.

far-off – closer
faaraaf – klowß^{e}r
weit weg – näher

What are your rates (for ...) ?
wadaar j^{e}r rejtß (f^{e}r)
was sind deine Raten für ...
Wie viel kosten die Zimmer (für / pro ...) ?

three nights	~~th~~rii neitß	drei Nächte
a week	^{e}wiik	eine Woche
a car with trailer	^{e}kaar wi~~th~~ trejl^{e}r	ein Auto mit Wohnwagen
a motor home	^{e}mowd^{e}rhowm	ein Wohnmobil
a truck camper	^{e}trak kämp^{e}r	ein Mini-Wohnmobil
a tent	^{e}tent	ein Zelt
a motorcycle	^{e}mowd^{e}rßeikl	ein Motorrad
two people	tuu piipl	zwei Personen
laundry service	laandrii ßöörviß	Wäscherei

Please fill out this registration form.
pliis filaut ~~dh~~iß redshißtrejsch^{e}n foorm
bitte fülle aus dieses Registrierung Formular
Bitte füllen Sie das Anmeldeformular aus.

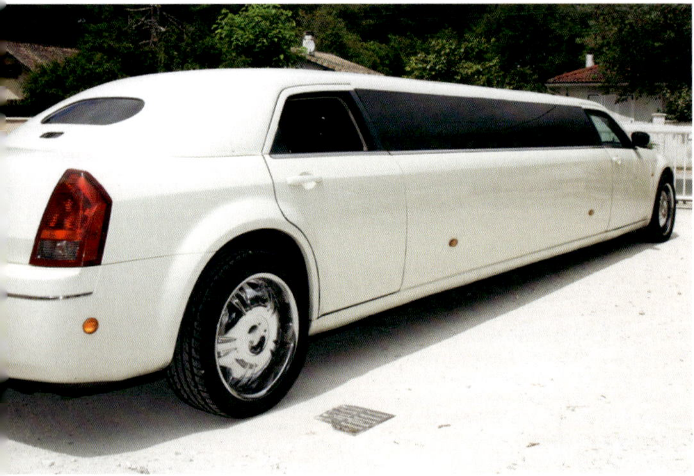

Stretch Limo

Das steht auf dem Formular:

single – double	ßinggl – dabl	Einzel- – Doppel-
guest name	geßt nejm	Name des Gastes
address	ädreß	Adresse
city – state	ßidii – ßtejt	Stadt – Bundesstaat
zip code	sipkowd	Postleitzahl
country	kantrii	Land
arrival / departure date	^{e}reiv^{e}l / dipaartsch^{e}r dejt	Anreise- / Abreisedatum
number of nights	namb^{e}r^{e}f neitß	Anzahl Übernachtungen
credit card name	kreditkaard nejm	Kreditkarteninhaber
credit card type	kreditkaard teip	Kreditkartentyp
credit card number	kreditkaard namb^{e}r	Kreditkartennummer
expiration date	ekßpirejsch^{e}n dejt	gültig bis
signature	ßign^{e}tsch^{e}r	Unterschrift

We're leaving. I'd like to pay, please.
wir liivin eid leikt^{e} pej pliis
wir'sind gehend ich'würde mögen zu zahlen bitte
Wir reisen ab. Ich möchte gern zahlen, bitte.

Übrigens: Dem bell staff bel ßtäf *gibt man pro getragenes Kofferstück ein bis zwei Dollar.*

Wenn Sie allerdings eine Beschwerde haben, etwas suchen oder noch brauchen:

The ... is missing / broken / dripping.
~~dh~~^{e} ... is mißing / browk^{e}n / driping
das ... ist fehlend / gebrochen / tropfend
Der / Die / Das ... fehlt / ist kaputt / ist leck.

Do you have ... ?
dj^{e} häv
tust du haben
Haben Sie ... ?

I need (an additional) ...
ei niid (^{e}n^{e}disch^{e}n^{e}l)
ich brauche (ein zusätzlich)
Ich brauche (ein Extra-) ...

Es empfiehlt sich, für Ihren Rasierapparat oder Föhn bereits in Europa einen Adapter (adapter ^{e}däpt^{e}r) *zu besorgen. Es gibt dort nur Steckdosen für zwei flache Stifte. Die Normspannung in den USA beträgt 110 V bei 60 Hz – also wundern Sie sich nicht, wenn Ihr mitgebrachter Radiowecker nicht ganz richtig tickt.*

comforter	kampf^{e}rd^{e}r	Daunendecke
quilt	kwilt	Überdecke
pillow	pilow	Kissen
sheet	schiit	Bettlaken
blanket	blänk^{e}t	Wolldecke
towel	tau^{e}l	Handtuch
heating	hiiding	Heizung
light (bulb)	leit (balb)	Lampe (Birne)
refrigerator	rifridsh^{e}rejd^{e}r	Kühlschrank
TV	tiivii	Fernseher
ashtray	äschtrej	Aschenbecher
key	kii	Schlüssel
safe	ßejf	Safe
elevator	el^{e}vejd^{e}r	Aufzug
stairs	ßters	Treppe
restroom	reßtruum	Toilette
toilet tissue	tojl^{e}t tischuu	Toilettenpapier
garbage can	gaarbidsh kän	Mülleimer
soap	ßowp	Seife
shampoo	schämpuu	Schampoo
(hot) water	(haat) waad^{e}r	(warm) Wasser
faucet	faaß^{e}t	Wasserhahn
sink	ßink	Waschbecken
swimming pool	ßwiming puul	Schwimmbad
room service	ruum ßöörviß	Zimmerservice
dining room	deining ruum	Speisesaal

Auf dem Campingplatz und der Hütte brauchen Sie noch andere Dinge. Vergessen Sie nicht, wie wichtig es ist, alle Lebensmittel in hermetisch geschlossene Behälter zu verpacken, wenn Sie sich in Nationalparks, in der freien Natur aufhalten! Bären und andere Tiere riechen Lebensmittel Meilen gegen den Wind und werden Sie nicht in Ruhe lassen!

bearproof trash can	berpruuf träschkän	bärensicherer Mülleimer
can opener	kän owp^{e}n^{e}r	Dosenöffner
charcoal	tschaarkowl	Holzkohle
cooler	kuul^{e}r	Kühlbox
electricity	ilektriß^{e}dii	Strom
firestarter	fei^{e}rßtaard^{e}r	Holzanzünder
firewood	fei^{e}rwud	Feuerholz
flashlight	fläschleit	Taschenlampe
food container	fuud k^{e}ntejn^{e}r	Lebensmittelbehälter
fork	foork	Gabel
gas	gäß	Gas
(Swiss army) knife	(ßwiß aarmii) neif	(Schweizer) Messer
lantern	länd^{e}rn	Laterne
lighter	leid^{e}r	Feuerzeug
matches	mätsch^{e}s	Streichholz
mattress	mätr^{e}ß	Matratze
mug	mag	Tasse
pan	pän	Pfanne / Topf
plate	plejt	Teller
rope	rowp	Seil
shade canopy	schejd kän^{e}pi	Schattensegel
sleeping bag	ßliiping bäg	Schlafsack
spoon	ßpuun	Löffel
stove (with fuel)	ßtowv (with fjuul)	Kocher (mit Benzin)
tent peg	tent peg	Hering
waste water dump	wejßt waad^{e}r damp	Abwasserentsorgung
water bottle	waad^{e}r baadl	Trinkflasche

Kultur & Entertainment

Mit einem Smartphone können Sie sich die mit einem ൭ gekennzeichneten Sätze dieses Kapitels anhören.

Bei der tourist information turißt infermejschen hilft man Ihnen sicher gern weiter.

൭ Do you have a schedule of events?
dje häve ßkedshuulev iventß
tust du haben ein Zeitplan von Veranstaltungen
Haben Sie einen Veranstaltungskalender?

What's on at the ... tomorrow?
watßaan ät ~~dh~~e ... temaarow
was'ist an bei das ... morgen
Welche(-s/-n) ... läuft / zeigen Sie morgen?

Eines der berühmtesten Konzertgebäude ist die Carnegie Hall kaarnegii hool *in New York. Wenn man als Musiker dort einmal aufgetreten ist, hat man es geschafft.*

movie theater	muuvii ~~th~~iieder	Kino
theater	~~th~~iieder	Theater
concert hall	kaanßert hool	Philharmonie
club	klab	Klub
box office	baakßaafiß	Kartenkasse
entrance	entrentß	Eingang
exit	egset	Ausgang
balcony / tier	bälkenii / tir	Rang
box	baakß	Loge
parquet	paarkej	Parkett
stage	ßtejdsh	Bühne
checkroom	tschekruum	Garderobe

൭ I'd like two tickets for tonight.
eid leik tuu tiketß fer teneit
ich'würde mögen zwei Karten für heute-Abend
Zwei Eintrittskarten für heute Abend, bitte.

Sorry, it's sold out.
ßaarii itß ßowld aut
Entschuldigung es'ist verkauft aus
Es ist leider ausverkauft.

Can I reserve tickets for Saturday?
känei risöörv tiketß fer ßäderdej
kann ich reservieren Karten für Samstag
Kann ich Karten für Samstag reservieren?

When does the ... start?
wen das dhe ... ßtaart
wann tut der/die/das ... anfangen
Wann fängt der / die / das ... an?

movie	muuvii	Film
play	plej	Theaterstück
concert	kaanßert	Konzert
show	schow	Vorführung
open air	owpener	Freiluft-
musical	mjuusikel	Musical
jazz	dshäs	Jazz
blues	bluus	Blues-Musik
country	kantrii	Country-Musik
classical music	kläßikel mjuusik	Klassische Musik
ballet	bälej	Ballett
opera	aapere	Oper
cabaret	käberej	Kabarett, Varieté
comedy	kaamedii	Komisches Theater
festival	feßtevel	Festival
parade	perejd	Straßenumzug
fair	fer	Jahrmarkt

Beim Kino erfährt man, ab welchem Alter man in welchen Film darf:

rated ... rejded
gewertet ...

... G dshii
... für alle Zuschauer

PG piidshii
... in Begleitung von Erwachsenen

PG-13 piidshii thöörtiin
manche Szenen sind nicht für Kinder unter 13 Jahren geeignet

R aar
Jugendliche unter 17 Jahren müssen von Erwachsenen begleitet werden

NC-17 enßii ßeventiin
erst ab 18 Jahren

When does the museum open?
wen das ~~dh~~e mjuusiiem owpen
wann tut das Museum öffnen
Wann ist das Museum geöffnet?

Museum of …
mjuusiiemef …
Museum der …

… Natural History
nätscherel hißterii
… Naturkunde

… Modern Art
maadern aart
… Modernen Kunst

… Contemporary Art
kentemperérii aart
… Zeitgenössischen Kunst

gallery	gälerii	Galerie
exhibition	ekßebischen	Ausstellung
library	leib(r)erii	Bibliothek
monument	maanjement	Denkmal
memorial	memooriel	Gedenkstätte
skyscraper	ßkeißkrejper	Wolkenkratzer
house	hauß	Haus
building	bilding	Gebäude
mansion	mäntschen	Herrenhaus
cemetery	ßemeterii	Friedhof
grave / tomb	grejv / tuum	Grab
harbor – pier	haarber – pir	Hafen – Pier
lighthouse	leithauß	Leuchtturm
dam	däm	Damm
church	tschöörtsch	Kirche
cathedral	ke~~th~~iidrel	Kathedrale
chapel	tschäpl	Kapelle
convent	kaanvent	Kloster
colonial style	kelowniiel ßteil	Kolonialstil
historic site	hißtoorik ßeit	historischer Ort
garden	gaarden	Garten
park	paark	Park

Which are the major attractions?
witsch aar ~~dh~~e mejdsher eträkschens
welche sind die hauptsächliche Attraktionen
Was sind die Hauptsehenswürdigkeiten?

gambling gämbling Glücksspiel

Wenn Sie Ihr Geld nicht schon beim Einkauf verprasst haben, könnten Sie es hier vermehren. Aber setzen Sie immer nur soviel, wie Sie sich leisten können zu verlieren – so lautet auch der offizielle Rat der Stadt Las Vegas!

baccarat	bäkeraa	Baccarat-Kartenspiel
bet	bet	Wette
blackjack	bläkdshäk	Kartenspiel, auch als „21" bekannt
casino	keßiinow	Kasino
chip	tschip	Kasinogeld
craps	kräpß	Kartenspiel ähnlich dem Blackjack
dealer	diiler	Kartengeber
horse race	hoorß rejß	Pferderennen
keno	kiinow	*Art* Lotto
writer	reider	Aufschreiber *(Keno)*
poker	powker	Poker
pool	puul	Billard
roulette	ruulet	Roulette

Wenn man beim Poker gewinnt, gibt man dem dealer *einen* chip *als Trinkgeld oder platziert eine Wette für ihn.*

Beim keno *gibt man dem* writer *pro Gewinn $1.*

Auch beliebt:
slot machine
ßlaatmeschiin
Einarmiger Bandit

I'd like to place a bet on ...
eid leikte plejß ebet aan
ich'würde mögen zu platzieren eine Wette auf
Ich würde gerne eine Wette auf ... setzen.

$50 on red, please.
fifti daalers aan red pliis
fünfzig Dollar auf rot bitte
50 Dollar auf Rot, bitte.

sports ßpoortß Sport

Ein Muss ist der Besuch bei einem Spiel der beiden typisch amerikanischen Sportarten. Wenn Sie nicht zufällig zu den World Series wöörld ßiriis – die Baseball-Weltmeisterschaft – oder zum Super Bowl ßuup^{e}r bowl – dem Endspiel der US-Meisterschaft im American Football – in Amerika sind, gibt es jederzeit wichtige Spiele der Universitätsmannschaften gegeneinander.

pom poms paampaams *sind dichte bunte Plastikstreifen-Knäuel. Jeder* cheerleader *hat in jeder Hand einen.*

Bei jedem Sportereignis in den USA werden Sie auch auf cheerleaders tschirliid^{e}rs (wörtl. „Anfeuer-Führer") treffen, eine Gruppe junger Mädchen, die mit Teamschlachtrufen, akrobatischen Kunststückchen und bunten pom poms die Stimmung aufheizt.

baseball bejßbool Baseball

Die wichtigsten Spieler beim baseball:

pitcher pitsch^{e}r Werfer
catcher kätsch^{e}r Fänger
baseman bejßmän „Basis"-Mann

Auf dem Feld – einem Viertelkreis – treten zwei Mannschaften mit je neun Spielern gegeneinander an. Sie spielen abwechselnd in der Offensive (Schlagmannschaft) und in der Defensive (Feldmannschaft). Es gewinnt die Mannschaft, die mehr Punkte (runs rans) erzielt. Der batter bäd^{e}r *(Schlagmann)* schägt den Ball mit dem bat bät *(Schläger)* ins Spielfeld und läuft zum ersten base bejß *(Basis)*. Durch weitere strikes ßtreikß *(Schläge)* der Mitspieler ins Spielfeld versucht der Läufer, alle vier bases zu umrunden und somit einen run zu erzielen. Alles andere erfahren Sie beim Zuschauen.

Are you going to the game / match tonight?
aarj^e gowin tuu ~~dh~~^e gejm / mätsch t^eneit
bist du gehend zu das Spiel / Wettkampf heute-Abend
Gehst du heute Abend zu dem Spiel?

Could you explain the game to me, please?
kudj^e ikßplejn ~~dh~~^e gejm t^emii pliis
könntest du erklären das Spiel zu mir bitte
Könnten Sie mir bitte das Spiel erklären?

football futbool Amerikanischer Fußball

Der quarterback kwoord^erbäk ist so etwas wie der Mannschaftskapitän, der seinem Team die Anweisungen für die Spielstrategien gibt. Schon zu Schulzeiten gilt er meist als Schwarm der Mädchen. Football-Spieler sind die „harten“ Männer. Es ist ja auch ein raues Spiel, in dem die Spieler von oben bis unten in einer „Rüstung“ stecken. Es treten jeweils elf Spieler auf einem in Querlinien unterteilten Feld gegeneinander an. Im Grunde geht es bei dem Spiel „nur“ darum, den eiförmigen Ball so weit wie möglich in die Hälfte der Verteidiger zurück zu befördern. Dazu hat man nach dem kick-off kikaaf *(Anstoß)* vier Versuche (downs dauns), um zehn Yards zu überbrücken. Ein Versuch endet, wenn der Ball den Boden berührt (Pass-Spiel) oder der Ballträger zu Boden geworfen wurde (Laufspiel). Passiert dies in der gegnerischen Endzone, erzielt die Mannschaft einen touchdown tatschdaun, der mit sechs Punkten belohnt wird.

Ein professionelles Footballspiel dauert viermal ein quarter, *also eine Viertelstunde. Nach den ersten beiden* quarters *ist Halbzeit, in der es Musikauftritte von bekannten Musikstars gibt.*

dancing dänßing Tanzen

Falls Sie zu den Menschen gehören, die sich gerne zum Tanzen ins Getümmel begeben, stelle ich Ihnen hier die verschiedensten Arten vor, dieser Lust in den USA nachzugehen.

bool	**ball**	Tanzball. Hier ist ballroom dancing gefragt
boolruum dänßing	**ballroom dancing**	Standardtanz, meist in formeller Kleidung
klab	**club**	Disco-Klub, je nachdem wird house, R'n'B, soul usw. gespielt
kantrii klab	**country club**	Hier gibt es Country-Musik und line / square dancing (oder es ist ein Elite-Club der feinen Gesellschaft)
dänßfloor	**dancefloor**	Tanzfläche
dißkow	**disco**	veraltetes Wort für club
haankiitaank	**honky tonk**	Kneipe mit Country & Western
lein dänß	**line dance**	Gruppentanz in Reihen-Formation (in honky tonks)
neitklab	**nightclub**	kein Striptease-Lokal, sondern nur eine Bar, die nachts noch auf hat
ßlow dänß	**slow dance**	enges Tanzen zu langsamer Musik
ßkwer dänß	**square dance**	Gruppentanz in Viereck-Formation (in honky tonks)
ßtep dänß	**step dance**	Irischer Tanz, wird am St. Patrick's Day getanzt
ßwing dänß	**swing dance**	Swing (Ihre Schuhe müssen rutschen können!)

Which type of music do they play there?
witsch teip^{e}w mjuusik duu ~~dh~~ej plej ~~dh~~er
welche Art von Musik tun sie spielen dort
Welche Art von Musik läuft da?

It ranges from rock 'n' roll to funk.
it rejndsh^{e}s fraam raak^{e}nrowl tuu fank
es rangiert von Rock'n'Roll bis Funk
Alles zwischen Rock'n'Roll und Funk.

Die Etikette in einem honky tonk ist typisch für das traditionelle Amerika. Sie sollten immer die Begleitung der Dame fragen, ob Sie auch einen Tanz mit ihr wagen dürfen:

Do you mind if I dance with this lady?
dj^{e} meind ifei dänß wi~~th~~ ~~dh~~iß lejdii
tust du verübeln wenn ich tanze mit diese Dame
Stört es Sie, wenn ich mal mit dieser Dame tanze?

Oder wenn sie allein dort ist und Sie einfach Gesellschaft suchen:

May I buy you a drink?
mejei bei juu ^{e}drink
darf ich kaufen dir ein Getränk
Darf ich Ihnen einen Drink anbieten?

Dem bartender baartend^{e}r *(Barmann) sollten Sie pro Runde \$1–2 Trinkgeld geben.*

Would you like to dance?
wudj^{e} leikt^{e} dänß
würdest du mögen zu tanzen
Darf ich Sie zum Tanz auffordern?

Wild West weild weßt Wilder Westen

Eine andere Art von Vergnügen sind die Arenen oder historischen Forts, in denen der Wilde Westen nachgespielt wird:

When's the next showing / performance?
wens ~~dh~~e nekß schowing / perfoormenß
wann'ist die nächste Vorstellung
Wann ist die nächste Vorstellung?

bronc riding	braank reiding	Reiten von unzugerittenen Pferden
bullfighter	bulfeider	Stierkämpfer
bull riding	bulreiding	Bullenreiten
calf roping	käf rowping	Kälberfangen
chuckwagon	tschakwägen	Küchen-Planwagen
cowboy	kauboj	Kuhhirte
cowgirl	kaugöörl	Kuhhirtin
fort	foort	Festung
ghost town	gowßt taun	Geisterstadt
gold nugget	gowld naget	Goldklumpen
gun fight	ganfeit	Schießerei
mining town	meinin taun	Minenstadt
rodeo	rowdii | ow	Cowboy-Wettkampf
ranch	räntsch	Ranch
ruins	ruu | ins	Ruine
saloon	ßeluun	Bar im Westen
stock show	ßtaakschow	Viehmarkt
steer fight	ßtirfeit	Jungstierkampf
wash gold	waasch gowld	Gold waschen

Im Wilden Westen stoßen Sie natürlich auch überall auf die Native Americans nejdiv ^{e}merik^{e}ns – die Indianer. Die meisten leben heute in reservations r^{e}s^{e}rvejsch^{e}ns *(Reservaten)*. Wenn Sie einem Reservat oder einem pueblo pwejblow – einer traditionellen Siedlung in New Mexico – einen Besuch abstatten wollen, sollten Sie Folgendes beachten: Machen Sie keine Fotos von Personen, ohne diese gefragt zu haben. Machen Sie nie Fotos bei Tänzen oder Zeremonien. Vergessen Sie nicht, dass dies oft spirituelle Handlungen sind! Nehmen Sie keinen Alkohol mit auf indianisches Land! Halten Sie sich an diese Regeln und bringen den Menschen dort Respekt entgegen, wird es sicherlich ein interessanter Aufenthalt. Welche interessanten Dinge man bei den Indianern auch als Souvenir kaufen kann, wurde schon im Kapitel „Shopping" vorgestellt. Sehenswert ist:

Die bekanntesten Indianerstämme:

Apache ^{e}pätschii
Cherokee tscher^{e}kii
Cheyenne schai | än
Comanche k^{e}mäntschii
Hopi howpii
Iroquois ir^{e}kwo | i
Mohican mowhik^{e}n
Navajo näv^{e}how
Pawnee paanii
Shoshone sch^{e}schownii
Sioux ßuu
Zuni suunii

cliff dwelling	Fels-Behausung	klif dweling
grand entry	„Großer Einzug": Beginn eines powwow mit Tänzen	grändentrii
murals	Wandmalereien	mjur^{e}ls
petroglyph	Felsmalerei	petr^{e}glif
powwow	Zusammenkunft mehrerer Stämme im Frühling	pauwau
story telling	Geschichten erzählen	ßtooriiteling
tepee	Indianerzelt (spitz, hoch)	tiipii
totem pole	Totempfahl	towd^{e}m powl
tribal dance	Stammestanz	treib^{e}l dänß
wigwam	Indianerzelt (rund, flach)	wigwaam

Natur erleben

Im National Park näschenel paark können Sie dies alles self-guided ßelfgeided *(auf eigene Faust)* oder mit einem Führer unternehmen:

böörd wook	**bird walk**	Vogelwanderung
bowt kruus	**boat cruise**	Bootsfahrt
kenuu | ing – kajäking	**canoeing – kayaking**	Kanu- – Kajakfahren
keridsh reid	**carriage ride**	Planwagen-Fahrt
kraaßkantrii ßkii | ing	**cross-country skiing**	Langlaufskifahren
daagmasching	**dog mushing**	Hundeschlittenfahrt
fisching	**fishing**	Fischen
helißkii | ing	**heli-skiing**	Helikopter-Skifahren
heiking	**hiking**	Bergwanderung
hoorßbäk reiding	**horseback riding**	Pferdereiten
handing	**hunting**	Jagd
eiß ßkejding	**ice-skating**	Schlittschuhlaufen
laaveflow trejl	**lava flow trail**	Lavastrom-Wanderung
maunteniring	**mountaineering**	Bergsteigen
raak kleiming	**rock climbing**	Klettern
ßejling	**sailing**	Segeln
ßkuube deiving	**scuba diving**	Tauchen
ßnoorkling	**snorkeling**	Schnorcheln
ßnowmowbiiling	**snowmobiling**	Motorschlittenfahrt
ßnowschuu | ing	**snowshoeing**	Schneewandern
ßanbej~~dh~~ing	**sunbathing**	Sonnenbaden
ßwiming	**swimming**	schwimmen
waaderßkii | ing	**(water)skiing**	(Wasser-)Skifahren
windßöörfing	**(wind)surfing**	(Wind-)Surfen
weitwaader räfting	**white water rafting**	Wildwasser-Floßfahrt
weildleif vjuu | ing	**wildlife viewing**	wilde Tiere beobachten

Wenn Sie sich erkundigen wollen, wo Sie das alles machen können, einfach hier einsetzen:

Unter www.nps.gov *finden Sie alle Nationalparks und historischen Sehenswürdigkeiten der USA.*

Where can I (go) … ?
wer känei (gow)
wo kann ich (gehen)
Wo kann man … ?

Are there ranger-led tours?
aar ~~dh~~er rejndsh[e]rled turs
sind da Parkführer-geleitete Touren
Gibt es Touren mit einem Parkführer?

Dabei treffen Sie auf eine unglaubliche Vielfalt an Landschaften, Flora und Fauna. Wenn Sie sie sich für gewisse Naturräume interessieren:

desert – prairie	des[e]rt – prerii	Wüste – Prärie
forest / woods	foor[e]ßt / wuds	Wald
lake – river	lejk – riv[e]r	See – Fluss
hummock	ham[e]k	Sumpfwald
marsh / swamp	maarsch / ßwaamp	Sumpf
everglades	ev[e]rglejds	Sumpfgrasland
mountain	maund[e]n	Berg
ocean	owsch[e]n	Ozean
plantation	pläntejsch[e]n	Plantage
vineyard	vinj[e]rd	Weinberg

saltwater ßooltwaad[e]r
Salzwasser

freshwater freschwaad[e]r
Süßwasser

Which equipment / gear do I need to bring?
witsch ikwipm[e]nt / gir duu ei niid t[e]bring
welche Ausrüstung tue ich brauchen zu bringen
Was soll ich mitbringen?

Mit gear *ist eher die Kleidung gemeint, mit* equipment *eher das Technische.*

Natur erleben

*Wenn Sie jagen gehen wollen, brauchen Sie eine Jagdgenehmigung (*hunting permit hanting pöörmit*), zum Fischen dementsprechend ein* fishing permit fisching pöörmit.

Im mittleren Westen benötigt man gelegentlich ein permit *(eine Genehmigung) von den Indianern, wenn man ihr Gebiet durchwandern möchte.*

Ihre Exkremente sollten Sie ca. 15 cm unter der Erde eingraben!

Abgesehen von all den Dingen, die ich Ihnen bereits im Kapitel „Übernachten – Camping“ oder „Einkaufen – Kleidung“ vorgestellt habe, könnten Sie dies noch brauchen:

compass	kampeß	Kompass
alpine pick	älpein pik	Berg-Pickel
anchor	änker	Anker
backpack	bäkpäk	Rucksack
bait	bejt	Köder
binocular	beinaakjeler	Fernglas
fishing rod	fischin raad	Angelrute
fins	fins	Flossen
goggles	gaagls	Schwimmbrille
hook	huk	Haken
ice skates	eiß ßkejtß	Schlittschuhe
knife	neif	Messer
lifevest	leifveßt	Schwimmweste
motor	mowder	Motor
net	net	Netz
paddle	pädl	Paddel
rope	rowp	Seil
shotgun	schaatgan	Schrotflinte
shot #	schaat namber	Schrot- / Kugelgröße
snowshoes	ßnowschuus	Schneeschuhe
skies	ßkiis	Skier
surfboard	ßöörfboord	Skier
waders	wejders	hohe Gummistiefel
wetsuite	wetßuut	Neoprenanzug

Halten Sie sich bitte an die Instruktionen der National Parks und der rangers. Besonders beim Fischen und Jagen gilt auch:

Respect private property signs!
rißpekt preivet praaperdii ßeins
respektieren Privat Eigentum Schilder
Respektieren Sie die Privatbesitz-Schilder!

What did you catch / shoot / see?
wat didje kätsch / schuut / ßii
was tatest du fangen / schießen / sehen
Was haben Sie gefangen / geschossen / gesehen?

bison / buffalo	beißen / bafelow	Bison / Büffel
black bear – grizzly	bläk ber – grislii ber	Schwarzbär – Grizzlybär
bobcat – lynx	baabkät – linkß	Rotluchs – Luchs
chipmunk – squirrel	tschipmank – ßkwörel	Backen- – Eichhörnchen
coyote – fox – wolf	kajowdii – faakß – wulf	Kojote – Fuchs – Wolf
deer – moose – reindeer	dir – muuß – rejndir	Hirsch – Elch – Rentier
ferret – marten – beaver	feret – maarten – biiver	Frettchen – Marder – Biber
lion – panther – cougar	leien – pänther – kuuger	Löwe – Panther – Puma
porcupine – lizard	poorkjepein – liserd	Stachelschwein – Eidechse
rabbit – hare	räbit – her	Kaninchen – Hase
raccoon – skunk	räkuun – ßkank	Waschbär – Stinktier
(rattle) snake	(rädl) ßnejk	(Klapper-)Schlange
bat – woodpecker	bät – wudpeker	Fledermaus – Specht
condor – vulture	kaander – valtscher	Kondor – Geier
dove – gull – swallow	dav – gal – ßwaalow	Taube – Möwe – Schwalbe
duck – goose – swan	dak – guuß – ßwaan	Ente – Gans – Schwan
eagle – hawk – falcon	iigl – haak – fälken	Adler – Habicht – Falke
flamingo – heron	flemingow – heren	Flamingo – Reiher
pelican – cormorant	peliken – koormerent	Pelikan – Kormoran
owl – cuckoo	auwl – kuukuu	Eule – Kuckuck
hummingbird – robin	hamingböörd – raaben	Kolibri – Wanderdrossel
wild turkey	weild töörkii	wilder Truthahn
prairie chicken	prerii tschiken	Präriehuhn

catfish – trout	kätfisch – traut	Wels – Forelle
bass – perch	bäß – pöörtsch	(See-)Barsch – Flussbarsch
salmon – pike	ßämen – peik	Lachs – Hecht
sturgeon – walleye	ßtöördshen – woolei	Stör – Zander
codfish – halibut	kaadfisch – hälebet	Kabeljau – Heilbutt
flounder – swordfish	flaunder – ßoordfisch	Flunder – Schwertfisch
tuna – snapper	tuune – ßnäper	Thunfisch – Rotbarsch
shark – sole – lobster	schaark – ßowl – laabßter	Hai – Seezunge – Hummer
marlin – barracuda	maarlen – bärekuude	Speerfisch – Pfeilhecht
stingray – jellyfish	ßtingrej – dsheliifisch	Stechrochen – Qualle
dolphin – orca – whale	daalfen – oorke – wejl	Delphin – Orka – Wal
seal – manatee	ßiil – mänetii	Robbe – Seekuh
turtle / tortoise	töördl / toordeß	Schildkröte
frog – toad	fraag – towd	Frosch – Kröte
(alli)gator	(äle)gejder	Alligator

mammal mämel Säugetier
predator predeter Raubtier
rodent rowdent Nagetier
bird böörd Vogel
raptor räpter Greifvogel
waterfowl waaderfaul Wasservogel
reptile repteil Reptil
amphibian ämfibjen Lurch
fish fisch Fisch
insect insekt Insekt
butterfly baderflei Schmetterling

Bei der Flora beschränke ich mich auf Oberbegriffe. Fragen Sie einfach einen Amerikaner nach dem Namen der Pflanze.

bush / scrub / shrub	busch / ßkrab / schrab	Busch / Strauch
cactus	käkteß	Kaktus
tree – conifer	trii – kaanefer	Baum – Nadelb.
deciduous tree	dißidshewеß trii	Laubbaum
palm tree	paam trii	Palme
(wild)flower	(weild)flauer	(Wild-)Blume
fruit – nut	fruut – nat	Frucht – Nuss
berry	berii	Beere
fungus / mushroom	fanggeß / maschruum	Pilz
grass – moss	gräß – maaß	Gras – Moos
weed	wiid	Unkraut

Which animal's track is this?
witsch än^{e}m^{e}ls träk is ~~dh~~iß
welches Tier'des Spur ist dies
Von welchem Tier sind diese Spuren?

What's the name of this animal / plant?
watß ~~dh~~^{e} nejm^{e}v ~~dh~~iß än^{e}m^{e}l / plänt
was'ist der Name von dies Tier / Pflanze
Wie heißt dieses Tier / diese Pflanze?

Die schönsten Landschaften (scenic landscapes ßiinik länßkejpß) weisen dies auf:

bay – sound	bej – ßaund	Bucht – Sund
beach	biitsch	Strand
canyon / gorge	känj^{e}n / goordsh	Schlucht
cave / grotto	kejv / graadow	Höhle / Grotte
coast – shore	kowßt – schoor	Küste – Ufer
creek – stream	kriik – ßtriim	Bach – Strom
coral reef	kaar^{e}l riif	Korallenriff
fossil reef	faaß^{e}l riif	Fossilfelsen
geyser	geis^{e}r	Geysir
glacier	glejsch^{e}r	Gletscher
hot spring	haat ßpring	heiße Quellen
island	eil^{e}nd	Insel
lagoon	l^{e}guun	Lagune
plain – valley	plejn – välii	Ebene – Tal
ridge	ridsh	Bergkamm
rock – mud	raak – mad	Fels – Schlamm
sand dune	ßänd duun	Sanddüne
volcano	vaalkejnow	Vulkan
waterfall	waad^{e}rfool	Wasserfall

Der Fallensteller in den Bergen nennt sich trapper träp^{e}r.

ash äsch
Asche
basalt b^{e}ßoolt
Basalt
cinder ßind^{e}r
Schlacke
coral kaar^{e}l
Koralle
flint flint
Feuerstein
granite grän^{e}t
Granit
limestone leimßtown
Kalkstein
sandstone ßändßtown
Sandstein

At what height is the peak?
ät wat heit is ~~dh~~e piik
auf was Höhe ist der Gipfel
Wie hoch ist der Gipfel?

Is this volcano still active?
is ~~dh~~iß vaalkejnow ßtil äktiv
ist dieser Vulkan noch aktiv
Ist der Vulkan noch aktiv?

No, it's extinct.
now itß ikßtinkt
nein es'ist erloschen
Nein, nicht mehr.

When was the last eruption?
wen wes ~~dh~~e läßt irapschen
wann war der letzte Ausbruch
Wann war der letzte Ausbruch?

Is it o.k. to swim here?
isit owkejde ßwim hir
ist es okay zu schwimmen hier
Kann man hier schwimmen?

Achten Sie auf Schilder mit folgenden Aufschriften:

No swimming!
now ßwiming
kein schwimmend
Schwimmen verboten!

No diving!
now deiving
kein tauchend
Springen verboten!

Private property!
preivet praaperdii
privat Eigentum
Privates Anwesen!

Don't enter!
down enter
tu'nicht eintreten
Betreten verboten!

Apotheke & Notfall

Ist Ihre Reiseapotheke für Ihre Abenteuer richtig ausgestattet? Bevor Sie sich auf größere Touren begegeben, sollten Sie in einem Drogeriemarkt (drugstore dragßtoor) die fehlenden Sachen kaufen.

antibiotics	änteibei | aadikß	Antibiotika
antiseptic	ändeßeptik	Antiseptikum
band-aid	bändejd	Pflaster
bandage	bändidsh	Verband
blister pad	blißter päd	Blasenpflaster
bug repellent	bag ripelent	Insektenspray
compress	kempreß	Kompresse
cotton balls	kaaten bools	Watte
cough drops	kaafdraapß	Hustenpastillen
burn ointment	böörn ojntment	Brandsalbe
eye drops	eidraapß	Augentropfen
first-aid kit	fóörßtejd kit	Erste-Hilfe-Kasten
insulin	intßelin	Insulin
lozenges	laasendshes	Lutschtablette
laxative	läkßediv	Abführmittel
pain killer	pejn kiler	Schmerztablette
Q-tip	kjuutip	Wattestäbchen
salt tablets	ßoolt täbletß	Salztabletten
suntan lotion	ßantän lowschen	Sonnenmilch
thermometer	thöörmaameder	Thermometer
tranquilizer	tränkweleiser	Schlaftablette
tweezer	twiiser	Pinzette
wet towels	wet tauels	Feuchttücher

Im drugstore *bekommen Sie auch verschreibungspflichtige Medikamente. Dafür gibt es eine gesonderte Verkaufstheke mit ausgebildeten Apothekern. Aspirin und Vitaminpillen gibt es wiederum in den Supermarktregalen für einen Spottpreis im Hunderterpack zu kaufen – auch ein gutes Mitbringsel aus Amerika!*

SPF
(sun protection factor)
Sonnenschutzfaktor

at the doctor ät dhe daakter beim Arzt

dentist denteßt Zahnarzt
hospital haaßpidel Krankenhaus
eye doctor eidaakter Augenarzt

Da es viele Körperteile gibt, sagen Sie einfach immer „it hurts here it höörtß hir" und zeigen auf das schmerzende Körperteil. Manches müssen Sie dennoch genauer sagen können:

I have / had ...	**I'm ...**
ei häv / häd	eim
ich habe / hatte	*ich'bin*
Ich habe / musste ...	Ich bin ...

bees biis Bienen
aspirin äßpren Aspirin
penicillin peneßilen Penizillin

allergic to	elöördshik tuu	allergisch gegen
asthma	äsme	Asthma
a cold	ekowld	eine Erkältung
a cut	ekat	eine Schnittwunde
diabetic	deiebedik	Diabetiker
diarrhea	deieriie	Durchfall
epileptic	epeleptik	Epileptiker
feel ill	fiil il	sich krank fühlen
fever	fiiver	Fieber
frostbite	fraaßtbeit	Erfrierung
a headache	ehedejk	Kopfschmerzen
HIV positive	ejtscheivii paasediv	HIV-positiv
a pacemaker	epejsmejker	Herzschrittmacher
pregnant	pregnent	schwanger
a rash	eräsch	Ausschlag
a sore throat	eßoor throwt	Halsschmerzen
sunburn	ßanböörn	Sonnenbrand
to throw up	tuu throw | ap	sich erbrechen
toothache	tuuthejk	Zahnschmerzen
a wound	ewuund	eine Wunde

I got bitten / stung by a dog / bee.
ei gaat biten / ßtang bei edaag / bii
ich wurde gebissen / gestochen bei ein Hund / Biene
Ich wurde von einem Hund gebissen / einer Biene gestochen.

snake ßnejk Schlange
tick tik Zecke
wasp waaßp Wespe
ant änt Ameise
mosquito meßkiidow Mücke

Ebenso wichtig ist es, halbwegs zu verstehen, was der Arzt sagt:

Take your ... off, please.
täjk jer ... aaf pliis
nehme dein ... ab bitte
Bitte ziehen Sie ... aus.

Breathe deeply.
briidh diiplii
atmen tief
Tief einatmen.

Hold your breath.
howld jer breth
halte dein Atem
Halten Sie den Atem.

Open your mouth.
owpen jer mauth
öffnen dein Mund
Öffnen Sie den Mund.

Cough, please.
kaaf pliis
husten bitte
Bitte mal husten.

I'll fill / pull the tooth.
eil fil / pul dhe tuuth
ich'werde füllen / ziehen der Zahn
Ich werde den Zahn füllen / ziehen.

We'll have to X-ray this.
wil hävte ekßrej dhiß
wir'werden haben zu röntgen dieses
Wir müssen das mal röntgen.

It's broken / sprained.
itß browk^{e}n / ßprejnd
es'ist gebrochen / verstaucht
Es ist gebrochen / verstaucht.

It's a pulled muscle / a torn ligament.
itß^{e} puld maßl / ^{e}toorn lig^{e}m^{e}nt
es'ist eine gezogen Muskel / eine gerissen Sehne
Es ist eine Zerrung / ein Bänderriss.

When did it start?
wen didit ßtaart
wann tat es anfangen
Wann hat es angefangen?

Any nausea or vomiting?
enii naasi^{e} oor vaam^{e}ding
irgendein Übelkeit oder Erbrechen
Übelkeit oder Erbrechen?

Any accompanying abdominal pain?
enii ^{e}kampenii | ing äbdaam^{e}n^{e}l pejn
irgendein begleitender Bauch Schmerz
Auch Bauchschmerzen?

Wenn es ganz schlimm kommt, werden Sie wohl ins Krankenhaus gebracht, und zwar womöglich mit den Worten:

You'll have to have surgery.
jul hävt^{e} häv ßöördsh^{e}rii
du'wirst haben zu haben Chirurgie
Sie müssen operiert werden.

Geld, Post & Telefon

In den USA verwenden Sie am besten immer Ihre Kreditkarte (credit card kredit kaard). Ohne geht's sowieso nicht. Sie sollten nur wissen, dass Sie pro Tag nur $1000 von einer Karte abheben können, es sei denn, Sie haben mit Ihrem Kreditkarteninstitut etwas anderes vereinbart. Wenn Sie bar zahlen, sollten Sie die Münzen (coins kojns) und Banknoten (bills bils) beim Namen kennen:

a penny	penii	1-Cent-Münze, kupfern
a nickel	nikl	5-Cent-Münze, silbern
a dime	deim	10-Cent-Münze, silbern
a quarter	kwoord^{e}r	25-Cent-Münze, silbern
half dollar	häf daal^{e}r	50-Cent-Münze, silbern

Alle Scheine haben die gleiche Größe und die gleiche Farbe, nämlich grün und cremefarben. Ein dollar daal^{e}r teilt sich auf in 100 cents ßentß. Es gibt Scheine zu $1, $2, $5, $20, $50 und $100.

Wer Reiseschecks (traveler's checks trävl^{e}rs tschekß) bei sich hat, kann diese natürlich am Flughafen, in einer Bank (bank bänk) oder im Hotel einlösen.

I'd like to cash this check.
eid leikt^{e} käsch dhiß tschek
ich'würde mögen zu einlösen diesen Scheck
Ich würde gerne den Scheck einlösen.

Seit 1999 wurde je ein quarter *jährlich von fünf Bundesstaaten der USA neu gestaltet; mit einer Berühmtheit aus dem Bundesstaat auf der einen Seite, und einem Bundessymbol auf der anderen.*

Trotz der fast universellen Möglichkeit des bargeldlosen Bezahlens sind auch Geldautomaten (ATM) *allgegenwärtig, nicht nur an Banken, sondern bis hin zum Zeitungskiosk (bei letzteren häufig als frei stehender Plastikkasten). Oft ist auch die Benutzung mit Debitkarte (Maestro, d. h. die alte EC-Karte) möglich, an den ganz primitiven Automaten klappt das aber mit ausländischen Karten meist nicht.*

Geld, Post & Telefon

Bargeldtausch bei der Bank ist gar nicht so einfach. In vielen Filialen geht es gar nicht mehr, und an der Westküste ist dort, wo es noch geht, oft schon am frühen Nachmittag Schluss, nämlich sobald die Börse in New York den Handel für den Tag eingestellt hat. Abgerechnet wird nämlich sozusagen sekundengenau, und dann machen sich die unterschiedlichen amerikanischen Zeitzonen bemerkbar.

May I see your ID / passport, please?
mej | ei ßii j^{e}r eidii / päßpoort pliis
darf ich sehen dein Ausweis / Reisepass bitte
Darf ich bitte Ihren Ausweis / Pass sehen?

What's the exchange rate?
watß ~~dh~~i ikßtschejndsh rejt
was'ist die Austausch Rate
Wie ist der Wechselkurs?

post office powßt aafiß Post

Wenn Sie nicht wollen, dass Ihr Brief (letter led^{e}r) oder Postkarte (postcard powßtkaard) nach Europa im Schneckentempo versandt werden, schreiben Sie immer airmail ermejl *(Luftpost)* darauf. Jetzt nur noch zum Schalter bringen:

I need stamps for these letters.
ein niid ßtämpß f^{e}r ~~dh~~iis led^{e}rs
ich brauche Briefmarken für diese Briefe
Ich brauche Briefmarken für diese Briefe.

I'd like to mail this package.
eid leikt^{e} mejl ~~dh~~iß päkidsh
ich'würde mögen zu versenden dies Paket
Ich würde gern dieses Päckchen verschicken.

Can I send a fax from here too?
känei ßend^{e} fäkß fraam hir tuu
kann ich schicken ein Fax von hier auch
Kann ich von hier auch ein Fax schicken?

phone call fown kool Telefongespräch

Für die traditionelle Festnetztelefonie ist es ratsam, eine Telefonzelle (phone booth fown buuth) aufzusuchen, anstatt die teuren Hotelraten zu bezahlen. Sie brauchen dann aber viel Kleingeld (change tschejndsh), eine Kreditkarte oder eine Guthabenkarte (calling card kooling kaard) ohne Chip, sondern mit Zugangscode.

Achten Sie aber darauf, dass die meisten amerikanischen Netzbetreiber nicht das ganze Land abdecken!

Ihr Handy (cell phone ßel fown) muss (auch) nach dem Netzstandard GSM 1900 funktionieren, um in den USA nutzbar zu sein. Man kann sich eine wiederaufladbare amerikanische SIM-Karte ohne Vertragsbindung (prepaid SIM card priipejd ßim kaard) kaufen und hat dann keine zusätzlichen Roamingkosten im Inland.

Es gibt mittlerweile auch in den USA Prepaid-Billighandys ohne Vertragsbindung.

How much do you charge for a call to ...
hau matsch dje tschaardsh fer ekool tuu
wie viel tust du aufladen für ein Anruf nach
Wie viel kostet ein Gespräch nach ...

Viele Amerikaner bevorzugen heute allerdings die Internettelefonie via Skype.

Bei R-Gesprächen zahlt der Angerufene:

I'd like to make a collect call.
eid leikte mejk ekelekt kool
ich'würde mögen zu machen ein Sammel Anruf
Ich würde gern ein R-Gespräch anmelden.

R-Gespräche sind in den USA viel üblicher als bei uns.

How do I recharge my cell phone credit?
hau duu ei riitschaardsh mei ßel fown kredit
wie tue ich wiederaufladen mein Zelle Telefon Kredit
Wie lade ich mein Handy-Guthaben wieder auf?

Computer

In den USA redet man immer von Wifi, ganz gleich, ob es sich um den Netzzugang im öffentlichen Raum oder um einen Router zuhause handelt.

Öffentliche Bibliotheken bieten oft noch Internet über PC an.

Das Internet ist ebenso sehr eine amerikanische Erfindung wie das Smartphone und die meisten Dinge, die mit dem Computer zu tun haben. Es werden noch weitaus mehr Dinge online erledigt als hierzulande, beispielsweise an Schulen. Die Abdeckung mit öffentlichen WLAN-Hotspots (Wifi weifei) ist beeindruckend, insbesondere im Vergleich zu Deutschland. Sehr selten geworden sind dagegen die Internet-Cafés, für die es einfach keinen Bedarf mehr gibt.

Do you have free Internet access?
dj^{e} häv frii ind^{e}rnet äkßeß
tust du haben freiet Internet Zugang
Haben Sie kostenlosen Internetzugang?

What's your password?
wotß j^{e}r päßwöörd
was'ist dein Passwort
Wie lautet Ihr Passwort?

I'd like to surf the Internet.
eid leikt^{e} ßöörf ~~dh~~ii ind^{e}rnet
ich'würde mögen zu surfen das Internet
Ich möchte gern im Internet surfen.

I'd like to check my e-mail.
eid leikt^{e} tschek mei iimejl
ich'würde mögen zu prüfen mein Mail
Ich möchte meine E-Mail abrufen?

Can you help me with the log-in?
kän juu help mii wi~~dh~~ ~~dh~~^{e} laagin
kannst du helfen mir mit das Einloggen
Kannst du mir helfen einzuloggen?

Can I print out some document?
kän ei printaut ßam daakj^{e}ment
kann ich drucken aus ein Dokument
Kann ich ein Dokument drucken?

My computer has crashed.
mei kaampjuud^{e}r häs kräscht
mein Computer hat abestürzt
Mein Computer ist abgestürzt.

Polizei

Falls etwas schief laufen sollte, gehen Sie am besten zur Polizeiwache (police station p^{e}liiß ßtej-sch^{e}n) oder zu der konsularischen Vertretung Ihres Landes (embassy emb^{e}ßii).

Mit einem Smartphone können Sie sich die mit einem 𝄢 *gekennzeichneten Sätze dieses Kapitels anhören.*

My wallet / purse was stolen.
mei waal^{e}t / pöörß w^{e}s ßtowl^{e}n
meine Brieftasche / Handtasche war gestohlen
Meine Brieftasche / Handtasche ist gestohlen worden.

My car was broken into.
mei kaar w^{e}s browk^{e}n intuu
mein Auto war gebrochen hinein
Es wurde in mein Auto eingebrochen.

Vielleicht werden Sie aber auch von der Autobahnpolizei (highway patrol heiwej p^{e}trowl) wegen überhöhter Geschwindigkeit (speeding ßpiiding) angehalten:

May I see your driver's license, please?
mäj | ei ßii j^{e}r dreiv^{e}rs leiß^{e}ntß pliis
darf ich sehen dein Fahrer'des Führerschein bitte
Darf ich bitte Ihren Führerschein sehen?

This license has expired / is invalid.
~~dh~~iß leiß^{e}ntß häs ikßpei^{e}rd / is invälid
dieser Führerschein war abgelaufen / ist ungültig
Dieser Führerschein ist abgelaufen / ungültig.

Wörterliste Deutsch – Amerikanisch

© WS

Patriotisch bis zum Ende

*Hinter unregelmäßigen Tätigkeitswörtern * ist immer die Vergangenheitsform und die Form der vollendeten Gegenwart angegeben; steht nur eine Form in Klammern sind Vergangenheit und vollendete Gegenwart identisch. Die Lautänderungen von -y zu -ied oder -id werden nicht extra aufgeführt.*
In der Wortliste Amerikanisch – Deutsch sind die unregelmäßigen Tätigkeitswörter alphabetisch einsortiert.
Bei Hauptwörtern steht die unregelmäßige Mehrzahlform in Klammern.
Auch hier werden die Lautänderungen von -y nach -ies nicht extra aufgeführt.

A

Abend evening
aber but
abfliegen take-off* *(took, taken~)*
abreisen leave* *(left)*
absagen cancel
abschleppen tow a car
Abtreibung abortion
Adresse address
ähnlich similar to
Alkohol alcohol
alle all
allein alone
alles everything; all
als than *Vergl.*; when *zeitl.*
alt old
Alter age
Alternative choice
anfangen begin* *(began, begun)*
Angestellte(r) employee
Angst fear
anhalten stop
ankommen arrive
Ankunft arrival
annehmen accept
anrufen call
anstecken infect
Antwort answer
antworten answer
Anwalt attorney
Apartment apartment
Apotheke drugstore
arbeiten work
Arbeitgeber employer
argumetieren argue
arm poor
Art kind; type
Arzt doctor
auch also; too
auf on *örtl.*; open *offen*
Aufenthalt stay
aufhören stop
aufstehen get up* *(got; gotten~)*
aufwachen wake up* *(woke; woken~)*
Aufzug elevator
aus from *örtl.*
Ausfahrt exit
ausfüllen fill in
Ausgang exit
Auskunft information
Ausländer foreigner
ausländisch foreign
aussehen look
Aussicht view
Aussprache pronunciation
aussteigen get off* *(got; gotten~) Bus*
Ausstellung exhibition
Ausweis identity card *(ID)*
ausziehen take off your/my/ ... clothes* *(took, taken ~)*
Auto car
Autobahn highway
Autowerkstatt repair shop

B

baden take a bath* *(took; taken~)*
Badewanne bathtub
Badezimmer bathroom
Bahnhof train station
Bahnsteig platform
bald soon
Bank bank *Geld*
Bargeld cash
Batterie batery
bauen build* *(built)*
Bauer farmer
Baum tree
beeilen hurry (up)

beenden finish
begleiten accompany
behalten keep* *(kept)*
behandeln treat *Krankh.*
bei at
Beispiel example
bekannt familiar *kennen*; well-known *berühmt*
beliebt popular
benachrichtigen inform
Benzin gas
bequem comfortable
Berg mountain
Beruf profession
berühmt famous
beschreiben describe
Beschreibung description
beschweren complain
besichtigen visit
Besitzer owner
besser better
bestellen order
Bestellung order
bestrafen punish
Besuch visitor
besuchen visit
betrinken drink* *(drank, drunk)*
Bett bed
Bevölkerung population
bevor before
bewusstlos unconscious
bezahlen pay
Bild painting; picture
billig cheap
Binde sanitary napkin
bis until; to
bisschen, ein a little (bit)
Bitte favor
bitten ask for
Blatt leaf *Baum*; sheet *Papier*
bleiben stay
Blitz flash
Blume flower
Boden ground *Erde*; floor
Boot boat; ship
Botschaft embassy
Brand fire
Brauch custom
brauchen need
brechen break* *(broke, broken)*
breit wide
brennen burn
Brief letter
Briefmarke stamp
Briefumschlag envelope
Brille glasses *Mz.*
bringen bring* *(brought)*
Brot bread
Brücke bridge
Bruder brother
Brust breast; chest
Buch book
buchen book
Buchstabe letter
buchstabieren spell
bunt colored
Bürgersteig sidewalk
Büro office
Bus bus

C

Café coffee shop
Chef boss

D

da there *dort*; since *weil*
Dach roof
damit in order to
danach afterwards
danke thanks; thank you
danken thank
dann then
darum therefore
dass that
Datum date
dauern take* *(took, taken)*
Daunendecke comforter
Decke blanket
denken think* *(thought)*
Denkmal memorial
deshalb therefore
Deutsch(e,r) German
Deutschland Germany
Dialekt dialect
dick thick *Ding*
Diebstahl theft
Ding thing
direkt straight
Dokument document
Dolmetscher translator
doppel double
Dorf village
dort there
Dose can
dringend urgent
Droge drug
drücken push
dumm stupid
dunkel dark
dünn thin *Ding*
durch by *kausal*; through; thru *hindurch*
Durchfall diarrhea
dürfen may; allowed to
durstig thirsty
Dusche shower

E

echt real; really?
Ehefrau wife
Ehemann husband
Ehepaar couple
Eigentum property

Wörterliste Deutsch – Amerikanisch

einander one another
Einbahnstraße dead end
Eindruck impression
einfach easy; simply *Adv.*
Eingang entrance
einige a few; a bunch; a couple; some
Einkaufswagen cart
Einkommen income
einladen invite
Einladung invitation
einmal once
einsteigen get in* *(got; gotten˜)*
eintreten go in* *(went˜)*
einverstanden ok
Einwohner inhabitants
Eis ice
Eisenbahn train
Eiter pus
Eltern parents
empfangen get* *(got; gotten)*
empfehlen recommend
Ende end
eng narrow
Englisch english
Enkel(in) grandchild *(grandchildren)*
Entfernung distance
entscheiden decide
entschuldigen apologize
Entschuldigung excuse me
Erde earth
Ereignis event
Erfolg success
erhalten keep* *(kept)*
erhältlich available
erinnern remember
erkältet sein have a cold* (had˜)
erklären explain
erlauben allow
Erlaubnis permit
Ermäßigung discount
erwarten expect
erzählen tell* *(told)*
essen eat* *(ate, eaten)*
etwa about
etwas a few; a little; some *Mengen*; something *irgendetwas*

F

Faden thread
Fähre ferry
fahren drive *4-Rad*; ride *2-Rad*
Fahrkarte ticket
Fahrplan schedule
Fahrpreis fare
Fahrrad bike; bicycle
Fahrzeug car; vehicle
fallen fall* *(fell, fallen)*
falsch wrong
Familie family
Familienname last name
Farbe color
Farbfilm color print film
fast almost
faul rotten *Obst*; lazy *träge*
Fehler mistake
feiern celebrate
Feiertag holiday
Feld field
Fenster window
Ferien vacation
Fernsehgerät TV
fertig ready
fest firm; hard
Fest party
feucht moist
Feuer fire
Feuerwehr fire department
Fieber fever
Film film
finden find* *(found)*
Finger finger
Firma company
flach flat
Flasche bottle
Fleck stain
fliegen fly* *(flew)*
flirten flirt
Flug flight
Flughafen airport
Flugticket ticket
Flugzeug plane
Fluss river
Formular form
Foto picture
Fotoapparat camera
fotografieren take pictures* *(took, taken˜)*
Frage question
fragen ask
Frau woman; women *Mz. Anrede:* Mrs. *verheiratet*; Ms. *neutral*
Fräulein Miss
frei free
fremd unknown; strange
freuen be glad* *(was, been˜)*
Freund(in) friend; *Liebe:* boyfriend *m.*; girlfriend *w.*
freundlich friendly
Freundschaft friendship
Frieden peace
frieren freeze* *(froze, frozen)*
frisch fresh
froh glad; happy
früh early
Frühling spring
Frühstück breakfast
frühstücken have breakfast* *(had)*

fühlen feel* *(felt)*
Führer guide; ranger
Führerschein driver's license
Führung guided tour
für for
furchtbar aweful
fürchten afraid (of)
Fuß foot; feet *Mz.*
Fußball soccer

G

Gabel fork
Galerie galery
Gang aisle *Flugzeug*
ganz all; entire *Stück*
Garten garden
Gas gas
Gast guest
Gastgeber host
Gaststätte pub
Gebäude building
geben give* *(gave, given)*
Gebirge mountain range
Gebühr fee
Geburtstag birthday
gefährlich dangerous
gefallen like
Gefängnis jail
Gefäß container
Gefühl feeling
gegen against *etw./jmd.*; around *ungefähr*
Gegend area; region
gegenüber von across from; opposite from
gehen go* *(went, gone)*; walk
Geld money
Geldautomat ATM
Gelegenheit chance
Gemüse vegetables
gemütlich comfortable
genau precisely; just *Adv.* right *jawohl*
genug enough
geöffnet open
Gepäck baggage
geradeaus straight ahead
gern like to
Geruch smell
Geschäft shop; store *Laden*; business
Geschenk present
Geschichte story *Erzählung*; history *hist.*
geschlossen closed
Geschmack flavor
Gesellschaft society
Gesetz law
Gesicht face
Gespräch conversation
gestern yesterday
gesund healthy
Gesundheit health
Gewicht weight
Gewitter lightening
gewöhnen get used to* *(got, gotten)*
Gewürz spice; seasoning
Gift poison
Glas glass
glauben believe
Glück luck
glücklich happy
Gold gold
Gott god
Grammatik grammar
Gras gras
gratulieren congratulate
Grenze border
Grippe flu
groß big *breit*; large *lang*; tall *hoch*
Größe size
Großmutter grandmother
Großvater grandfather
Grund reason
Gruppe group
gültig valid
gut good; well *Adv.*

H

Haarspray hair spray
haben have* *(had)*
Hafen harbor; port
Hälfte half
halten stop *anhalten*; hold *(held) festhalten*
Haltestelle bus stop
Handel trade
handeln bargain
hart hard; strong *stark*
hässlich ugly
Haupt- main
Haus house
heben lift up* *(lift~)*
heilen cure; heal
heiraten marry
heiß hot
helfen help
hell bright *leuchtend*; light *nicht dunkel*
her ago
Herbst fall
Herr man; *Anrede:* Mr.
heute today
hier here
Hilfe help
hinten back
hinter behind
Hintern ass; fanny
hoch high; tall *lang*
Hochzeit wedding
hoffen hope
höflich polite
Höhe height
holen get* *(got, gotten)*

Holz wood
homosexuell queer
hören hear* *(heard)*
Hotel hotel
Hügel hill
hungrig hungry
Hygiene cleanliness

I

immer always
Impfung vaccination
in in; on
Industrie industry
Information information
informieren inform
Innenstadt downtown
Insekt bug; insect
Insel island
interessant interesting
interessieren be* interested *(was/were, been)*
international international

J

Jahr year
Jahreszeit season
jährlich annual
jeder each; everybody
jedesmal everytime
jemand somebody; anyone
jetzt now
Journalist journalist
Jugendlicher teenager
jung young
Junge boy

K

kalt cold
kaputt broken
Karte map
Kasse cashier
katholisch catholic
kauen chew
kaufen buy* *(bought)*
kennen know* *(knew, known)*
Kind child; children *Mz.*
Kinderwagen buggy; baby carriage
Kino movie theater; movies
Kiosk booth
Kirche church
Klasse grade
Klebeband adhesive tape
klein little *kurz*; small
Klima climate
klug intelligent; smart
Kneipe bar
kochen cook
Koffer bag; suitcase
kommen come
kompliziert complicated
Kondom condom; rubber
können be able* *(was/were, been~)*; can* *(could)*
Konsulat consulate
kontrollieren control
Konzert concert
korrigieren correct
kosten cost
kostenlos (for) free
krank ill; sick
Krankenhaus hospital
Krankheit illness; disease
Kreditkarte credit card
kühl cool
Kühlschrank refrigerator
Kunst art
künstlich artificial; fake
kurz short
küssen kiss
Küste coast; shore

L

lächeln smile
lachen laugh
Lage position
Lampe lamp
Land country
Landschaft landscape
Landwirtschaft agriculture
lang long
langsam slow
langweilig boring
lassen let* *(let)*
laufen run* *(ran)*; walk
laut loud; noisy
Leben life
leben live
Lebensmittel groceries
ledig single
leer empty
legen lay
Lehrer(in) teacher
leicht easy *einfach*; light *nicht schwer*
leihen borrow
lernen learn
lesbisch lesbian
lesen read* *(read)*
letzte last
Leute people
Licht light
lieben love
Lied song
Lieferung delivery
liegen lay
links left
LKW truck
Loch hole
Löffel spoon
Lohn wage

M

machen make* *(made)*
Mädchen girl
Mal time
malen paint
man one; you
manchmal sometimes
Mann husband *Ehe-*; man; men *Mz.*
Markt market
Medikament medicin
Meer ocean
mehr more
Meinung opinion
meist mostly
Menge amount; quantity
merken memorize *sich*; notice
Messer knife
mieten rent
Minute minute
mit with
Mitglied member
mitmachen join
Mittag lunchtime; noon
Mitte middle
Mode fashion
modern modern
möglich possible
Monat month
Morgen morning; a.m.
morgen tomorrow
Motor motor
Motorhaube hood
Motorrad motorbike
müde tired
Müll garbage; trash
Mülleimer trash can
Museum museum
Musik music
müssen have to* *(had~)*; must
Mutter mother

N

nach to *örtl.*; past *zeitl.*
Nachmittag afternoon; p.m.
Nachricht message
nächste next
Nacht night
Nachtisch dessert
nackt nude
Nadel needle
Nagellack nail polish
Nagellackentferner nail polish remover
nah close; near
Name name
nass wet
Natur nature
natürlich natural; of course *auf jeden Fall*
neben next to
nehmen take* *(took, taken)*
neu new
neugierig curious
nicht not
nichts nothing
niedrig low
nie never
niemand nobody
nirgendwo/-hin nowhere
noch still *immer*; yet *nicht*
nochmal again
Norden north
normal normal
Notfall emergency
notwendig necessary
Nummer number
nur only; simply
nützlich useful

O

ob if
oben up; upstairs
obwohl although
oder or
öffnen open
oft often
ohne without
Öl oil
Onkel uncle
Opfer victim
Organ organ
organisieren organize
Ort place
Osten east
Österreich Austria
Österreicher(in) Austrian

P

Paar couple
paar a couple; a few; a pair
Päckchen pack; packet
Paket package
Panne break down
Papier paper
Park park
parken park
Parkplatz parking (lot)
Pass passport
passen fit
passieren happen
Patient patient
Pause break
peinlich embarrassing
Person person
Pflanze plant
Plan plan
Platz place; space *Raum*; square *Ort*
plötzlich sudden; suddenly
Politik politics *Mz.*

Polizei police
Post mail
Postamt post office
Postkarte postcard
Postleitzahl zip code
Preis price
privat private
Problem problem
Programm program
pünktlich on time

Q

Qualität quality

R

Radiergummi eraser
Radiogerät radio
Rahmen frame
Rat advice
rauchen smoke
Raum room
rechnen count
Rechnung check
Recht law *Gesetz*; right
rechts right
Rechtsanwalt attorney
reden talk
Regen rain
Regenschirm umbrella
regional local
registrieren register
reich rich
reif ripe
Reifen tire
Reise journey; trip
Reisebüro travel agent
reisen travel
reparieren repare
reservieren make a reservation* *(made~)*
Restaurant restaurant
Rettungswagen ambulance
richtig right
Richtung direction
riechen smell
riesig enormous; giant
roh raw; uncooked
Rückfahrt return trip
Rucksack backback
rückständig backward
rufen call; yell *schreien*
Ruhe rest

S

Sache thing
sagen say
Salbe ointment
Salz salt
sammeln collect
Sand sand
satt full; stuffed
Satz sentence
sauber clean
säubern clean
sauer sour
Schallplatte record
scharf hot; spicy
Scheck check
Schein bill
scheinen seem *als ob*; shine *Sonne*
Schere scissors *Mz.*
schicken send* *(sent)*
schießen shoot* *(shot)*
Schiff ship; boat
schlafen sleep* *(slept)*
Schlafsack sleeping bag
Schlafzimmer bedroom
schlagen hit* *(hit)*
Schlange stehen line up
schlecht bad; gone off *faul*
Schließfach deposit; safe
Schlüssel key
schmackhaft tasty; yummy
schmal narrow
Schmerz pain
schmerzen hurt* *(hurt)*
Schmuck jewelry
schmutzig dirty; filthy
schnell fast; quick; express
schon already; yet
schön beautiful; nice
Schrank closet; cupboard
Schraubenschlüssel wrench
schreiben write* *(wrote)*
schuldig guilty
Schule school
Schüler(in) student
schwach weak
schwanger pregnant
Schweiz Switzerland
Schweizer(in) Swiss
schwer heavy *Gewicht*; difficult *schwierig*
Schwester sister
schwierig difficult
schwimmen swim* *(swam)*
schwitzen sweat* *(sweat)*
schwul gay
See lake
sehen see* *(saw, seen)*
Sehenswürdigkeiten places of interest
sehr very; a lot
Seide silk
Seife soap
Seil rope
sein be* *(was/were; been)*
seit since
Seite side
Sekunde second
selten rarely; seldom
Serviette napkin
setzen, sich sit down* *(sat)*
sicher sure; surely *Adv.*

Sicherheit safety
Silber silver
singen sing* *(sang)*
sitzen sit *Po*; fit* *(sang)* *Kleidung*
Ski ski
so so
sofort immediately; now
sogar even
Sohn son
solch(-e,-er,-es) this kind of; this type of
sollen have to* *(had~)*; shall* *(should)*
Sommer summer
Sonne sun
sparen save
spät late
spazierengehen go for a walk* *(went, gone~)*
Spiegel mirror
Spiel game; match
spielen play
Spielzeug toy
Sport sport
Sprache language
sprechen speak* *(spoke, spoken)*
Spritze shot; syringe
Staatsangehörigkeit nationality; citizenship
Stadt city; town
stark strong
Staubsauger vacuum cleaner
Steckdose outlet
stehen stand* *(stood)*
steil steep
Stein stone; rock
Stelle place; spot
stellen place; put* *(put)*
sterben die; pass away
Stil design; style
Stimme voice
Stoff fabric
stören disturb
Strafe punishment
Strand beach
Straße street; road
Straßenbahn train
streiten fight* *(fought)*
Stromkabel electric cord
Stück piece; part; play *Theater*
Student student
Stunde hour
suchen look for; search
Süden south
Summe sum; amount
Suppe soup; bisque; chowder
süß sweet

T

Tabak tobacco
Tablette pill
Tag day
täglich daily; everyday
Tal valley
Tankstelle gas station
Tante aunt
tanzen dance
Tasche bag; purse *Hand-*
Taxi cab; taxi
Telefon phone
telefonieren call
Telegramm telegramm; wire
teuer expensive
Theater theater
tief deep
Tier animal
Tochter daughter
Tod death
Toilette bathroom; restroom; toilet
Toilettenpapier toilet paper
toll awesome
tot dead
töten kill
Tradition tradition
tragen carry *schleppen*; wear* *(wore, worn)* *Kleidung*
traurig sad
treffen meet* *(met)*
Treppe stairs *Mz.*; staircase
trinken drink* *(drank)*
Trinkgeld tip
trocken dry
tun do* *(did; done)*
Tür door
Turm tower
Typ guy

U

U-Bahn subway
üben practise
über above; over *örtl.*; more *mehr*; past *zeitl.*
überall everywhere
übergeben, sich throw up* *(threw; thrown)*
überholen pass
übermorgen the day after tomorrow
übersetzen translate
Übersetzer translator
Überweisung transfer
übrig left
Uhr clock; watch
um at
um zu ... in order to
umarmen embrace
Umleitung detour
Umstand circumstance
umtauschen exchange
Umweg detour

Wörterliste Deutsch – Amerikanisch

Umwelt environment
unbekannt unfamiliar; unknown
und and
Unfall accident
Universität college; university
unmöglich impossible
unschuldig innocent; not guilty
unten at the bottom
unter under; below
Unterhaltung conversation
Unterkunft accomodation
unterrichten teach* *(tought)*
unterschreiben sign
untersuchen check
Ur- native
Urlaub vacation

V

Vater dad; father
Ventilator fan
verabreden meet* *(met)*; make an appointment* *(made˜)*; date *Liebe*
Verabredung meeting; appointment; date
verboten prohibited
Verbrechen crime
verdienen earn
Verfallsdatum expiration date
vergessen forget* *(forgot, forgotten)*
vergnügen enjoy
verirren get lost* *(got; gotten˜)*
verkaufen sell* *(sold)*
verlangen charge *Geld*; ask for
verlängern extend
verlassen quit* *(quit)*
verleihen borrow
verletzen hurt* *(hurt)*; injure
Verletzung injury
verlieben fall in love* *(fell; fallen)*
verlieren loose* *(lost)*
vermieten rent* *(rent)*
Vermittlung agency; operator *Telefon*
verringern reduce
Versicherung insurance
verspäten be late* *(was / were, been)*; delay
versprechen promise *jmd.*; make a slip *(made)*
Verstand sense; brains *Mz.*
verstehen understand
versuchen try
viel a lot; many
vielleicht maybe
Vogel bird
Volk nation; people; tribe
voll full
von from; of
vor before; in front of
vorbereiten prepare
vorgestern the day before yesterday
vorher beforehand; before
Vormittag morning; a.m.
Vorname first name
vorne front; in front
vorschlagen propose
vorstellen imagine; introduce *jmd.*
Vorwahlnummer area code; country code

W

Wahl choice
wahr true
während during; while
Währung currency
Wald forest; woods *Mz.*
Wand wall
wandern hike; walk
Ware goods *Mz.*
warm hot; warm
Warnung warning
warten wait
waschen wash
Wasser water
Wasserhahn faucet
WC bathroom; restroom
wechseln exchange *Geld*; replace *Glühbirne*
wecken wake up
Weg way; road; path, trail
wegen because of; due to
weggehen leave* *(left)*
weiblich female
weil because
weinen cry
weit far *entfernt*; wide; baggy *Kleidung*
weitere further
wenig few; little
weniger less
wenn than *als*; if *falls*
Werbung ad(vertisement)
werden get* *(got, gotten)*; will* *(would)*
Westen west
Wetter weather
wichtig important
wie how; like *Vergl.*
wieder again
wiederholen repeat
Wind wind
Winter winter

winzig tiny; small
wissen know* *(knew, known)*
Woche week
wohnen live
Wohnmobil motorhome
Wohnung apartment; condo
Wohnwagen trailer
wollen like to; want
Wort word
Wörterbuch dictionary
Wunde injury; wound
wünschen wish
Wüste desert

Z

zahlen pay
Zahnarzt dentist
Zahnpasta toothpaste
Zebrastreifen crosswalk
zeigen show
Zeit time
Zeitung newspaper
Zelt tent
Zentrum center; downtown
ziehen pull
Zigarette cigarette
Zimmer room
Zoll customs *Mz.*
zu too; also
zufrieden happy
Zug train
zuhören listen
zurück back
zusammen together
zustimmen agree
zuviel too much/many
zwischen between

A

a ein, -e, -er
a bit ein bisschen
a bunch einige
a couple einige; paar
a few einige; etwas; ein paar
a little ein bisschen; etwas
a lot viel
abortion Abtreibung
about etwa; über
above über; oberhalb
accept annehmen
accident Unfall
accomodation Unterkunft
accompany begleiten
accurate genau
across from gegenüber von
ad(vertisement) Werbung
address Adresse
adhesive tape Klebeband
advice Rat
afraid sich fürchten
afternoon Nachmittag
afterwards danach
again noch einmal; wieder
against gegen
age Alter
agency Vermittlung
ago her
agree zustimmen
agriculture Landwirtschaft
airport Flughafen
aisle Gang (Flugzeug)
alcohol Alkohol
alike ähnlich
all alle(s); ganz
alley Gasse
allow erlauben
allowed to dürfen
almost fast
alone allein
already schon
also auch
although obwohl
aluminum Aluminium
always immer
am (ich) bin *(von be)*
a.m. morgen
ambulance Rettungswagen
amount Menge; Quantität
and und
animal Tier
annual jährlich
answer Antwort; antworten
apartment Wohnung
apologize entschuldigen
appointment Verabredung
are (wir, ihr, sie) sind *(von be)*
area Gegend
argue argumetieren
arrival Ankunft
arrive ankommen
art Kunst
artificial künstlich
ask fragen; bitten
ass Hintern
asshole Arschloch
at bei; um
ate aß *(von eat)*
ATM Geldautomat
attorney Rechtsanwalt
aunt Tante
Austria Österreich
Austrian Österreicher(in)
available erhältlich
aweful furchtbar
awesome toll

B

back hinten; zurück
backback Rucksack
back-up lights Rückfahrleuchte

Wörterliste Amerikanisch – Deutsch

backward rückständig
bad schlecht
bag Tasche; Koffer
baggy weit
bank Bank (Geld)
bar Kneipe
bargain handeln
batery Batterie
bath Badezimmer
bathe baden
bathroom Toilette
bathtub Badewanne
be sein
beach Strand
beautiful schön
because weil
because of wegen
become werden
bed Bett
bedroom Schlafzimmer
been gewesen *(von be)*
before bevor; vor; vorher
begin anfangen
began fing an *(von begin)*
begun angefangen *(von begin)*
be happy sich freuen
behind hinter
be late sich verspäten
believe glauben
below unten
best before gebrauchen vor
betray betrügen
better besser
between zwischen
big groß
bike Fahrrad
bill Rechnung; Schein
bird Vogel
birthday Geburtstag
boardwalk Promenade
boat Boot
book Buch; buchen
booth Kiosk
border Grenze
boring langweilig
borrow leihen; verleihen
boss Chef
bother nerven
bottle Flasche
bought kaufte; gekauft *(von buy)*
box Karton
boy Junge
bread Brot
break brechen; Pause
breakdown Panne
breakfast Frühstück
breast Brust
bridge Brücke
bright hell
bring bringen
broke brach *(von break)*
broken kaputt; gebrochen *(von break)*
brother Bruder
brought brachte; gebracht *(von bring)*
buddy Kumpel
bug Insekt
build bauen
building Gebäude
burglary Einbruch
burn brennen
bus Bus
business Geschäft
bus stop Haltestelle
but aber
buy kaufen
by durch
bye Tschüss

C

cab Taxi
call rufen; telefonieren
call collect R-Gespräch
camera Fotoapparat
camper Wohnwagen
can Dose; können
cancel absagen
car Auto; Fahrzeug; Wagen
carry tragen
cart Einkaufswagen
cash Bargeld
cashier Kasse
castle Burg
catholic katholisch
center Zentrum
chance Gelegenheit
charge verlangen
cheap billig
check Rechnung; Scheck
check in Hotel check in
chest Brust(korb)
chew kauen
child Kind
choice Alternative; Wahl
church Kirche
cigarette Zigarette
circumstance Umstände
citizen Bürger
city Stadt
clean sauber; säubern
cleanliness Hygiene
climate Klima
clock Uhr
close nah; schließen
closet Schrank
club Diskothek
coast Küste
coffee shop Café
cold kalt
collect sammeln
college Universität
color Farbe
color print film Farbfilm
colored bunt
come kommen; gekommen

comfortable bequem; gemütlich
comforter Daunendecke
company Firma
compatible passend
complain beschweren
complicated kompliziert
concern Besorgnis
concert Konzert
condition Bedingung
condominium Wohnung
conductor Chauffeur
cone Hörnchen
congratulate gratulieren
consulate Konsulat
container Gefäß
control kontrollieren
conversation Gespräch; Unterhaltung
convertible Cabrio
cook kochen
cool kühl
correct korrigieren; richtig
cost kosten (Preis)
count rechnen
country Land
country code Vorwahlnummer
couple Ehepaar; Paar
cover Decke (Bett)
cozy gemütlich
crafts Kunstgewerbliches
credit card Kreditkarte
crime Verbrechen
cry weinen
curb Bürgersteig
cure heilen
curious neugierig
currency Währung
custom Brauch
customs Zoll

D

dad Vater
daily täglich
dance tanzen
dangerous gefährlich
dark dunkel
date Datum; verabreden; Verabredung
daughter Tochter
dawn Morgendämmerung
day Tag
dead tot
dead end Einbahnstraße
death Tod
decide entscheiden
deep tief
delayed verspätet
delivery Lieferung
dentist Zahnarzt
deposit Schließfach
describe beschreiben
description Beschreibung
desert Wüste
design Stil
dessert Nachtisch
detour Umleitung; Umweg
dialect Dialekt
diarrhea Durchfall
dictionary Wörterbuch
did tat *(von do)*
die sterben
difficult schwierig (nicht einfach)
direction Richtung
dirt road ungeteerd Straße
dirty schmutzig
disco Diskothek
discount Ermäßigung
distance Entfernung
disturb stören
diversion Umleitung
do tun
doctor Arzt
documents Dokument(e)
done getan *(von do)*
door Tür
dope Drogen
double doppel
downtown Innenstadt
drank trank *(von drink)*
drapes Gardine
drink trinken
drive fahren
driver Chauffeur
driver's license Führerschein
drugstore Apotheke
drunk betrunken; getrunken *(von drink)*
dry trocken
due to wegen
dumb dumm
during während

E

each jeder
early früh
earn verdienen
earth Erde
east Osten
easy leicht (einfach)
eat essen
eaten gegessen *(von eat)*
edible essbar
effect beeinflussen
effort Mühe
electric cord Stromkabel
electrical outlet Steckdose
elementary school Grundschule
elevator Aufzug; Lift
embarrassing peinlich
embassy Botschaft
embrace umarmen

emergency Notfall
emotions Gefühle
employee Angestellte(r)
employer Arbeitgeber
empty leer
end Ende
English englisch
enjoy geniessen
enormous riesig
enough genug
enter eintreten
entire ganz
entrance Eingang
envelope Briefumschlag
environment Umwelt
eraser Radiergummi
even sogar
evening Abend
event Ereignis
everybody jeder
everyday täglich
everything alles
everytime jedesmal
everywhere überall
examine untersuchen
example Beispiel
excellent ausgezeichnet
exchange umtauschen
excuse me entschuldigung
exhibition Ausstellung
exit Ausfahrt; Ausgang
expect erwarten
expensive teuer
expiration date Verfallsdatum
explain erklären
export Ausfuhr
express schnell
expressway Schnellstraße
extend verlängern

F

fabric Stoff
face Gesicht
factory Fabrik
fall fallen; Herbst
familiar bekannt
family Familie
famous berühmt
fan Ventilator
far lang; weit
far away fern
fare Fahrpreis
farmer Bauer
fashion Mode
fast schnell
fat dick; fett
father Vater
faucet Wasserhahn
fault Fehler
favor Bitte
fax Fax
fear Angst
fee Gebühr
feel sich fühlen
feeling Gefühl
felt fühlte; gefühlt *(von feel)*
female weiblich
ferry Fähre
fever Fieber
few wenig
field Feld
fight streiten
fill in ausfüllen
film Film
find finden
finger Finger
finish beenden
fire Brand; Feuer
fire department Feuerwehr
firm fest
first name Vorname
fit sitzen; passen
flash Blitz
flat flach
flat tire platter Reifen
flavor Geschmack
flew flog *(von fly)*
flight Flug
flirt flirten
floor Etage
flower Blume
flown geflogen *(von fly)*
flu Grippe
fly fliegen
foot Fuß
for für
foreign ausländisch; fremd
foreign country Ausland
foreigner Ausländer
forest Wald
forget vergessen
forgot vergaß *(von forget)*
forgotten vergessen *(von forget)*
fork Gabel
form Formular
fotography Fotografie
fought stritt; gestritten *(von fight)*
found fand; gefunden *(von find)*
frame Rahmen
free frei; kostenlos
freeway Schnellstraße
freeze frieren
fresh frisch
friend Freund(in)
friendly freundlich
friendship Freundschaft
from von
front vorne
front desk Empfang
froze fror *(von freeze)*
frozen gefroren *(von freeze)*
full satt; voll

funny lustig
further weitere

G

galery Galerie
game Spiel
garbage Müll
garden Garten
gas Benzin; Gas
gas station Tankstelle
gave gab *(von give)*
gay schwul
gearshift Schaltknüppel
German Deutsch(e,r)
Germany Deutschland
get empfangen; werden; holen
get healthy sich erholen
get in einsteigen
get lost sich verirren
get off aussteigen
get up aufstehen
get used to sich gewöhnen an
girl Mädchen
girlfriend Freund(in)
give geben
given gegeben *(von give)*
give permission erlauben
glad froh
glass Glas
glasses Brille
go gehen
go for a walk spazierengehen
god Gott
gold Gold
gone ging *(von go)*
good gut
goods Ware
got bekam *(von get)*
gotten bekommen *(von get)*
grade Klasse
grain Getreide
grammar Grammatik
grandchild Enkel(in)
grandfather Großvater
grandma Großmutter
grandmother Großmutter
grandpa Großvater
gras Gras
greet begrüßen; grüßen
groceries Lebensmittel
ground Boden
group Gruppe
guest Gast
guide Führer
guided tour Führung
guilty schuldig
guy Typ

H

had hatte *(von have)*
haggle over feilschen
hair spray Haarspray
half Hälfte
happen passieren
happy fröhlich; glücklich; zufrieden
hard fest; hart
has (er,sie,es) hatte *(von have)*
have haben
have a cold erkältet sein
have breakfast frühstücken
have to müssen; sollen
he er
health Gesundheit
healthy gesund
hear hören
heard hörte; gehört *(von hear)*
heavy schwer (nicht leicht)
height Höhe
held hielt; gehalten *(von hold)*
help helfen; Hilfe
hen party Jungesellinenfete
her ihr/e
here hier
herself selbst
hi hallo
high hoch
highway Autobahn
hike wandern
hill Hügel
himself selbst
his sein/e
history Geschichte (hist.)
hit schlagen; schlug, geschlagen
hold halten
hole Loch
holiday Feiertag
hood Motorhaube
hope hoffen
hospital Krankenhaus
hospitality Gastfreundschaft
host Gastgeber
hot heiß; scharf; warm
hotel Hotel
hour Stunde
house Haus
housewife Hausfrau
how wie
how many wie viele
how much wie viel
huh? wie bitte?
human being Mensch
hungry hungrig
hurricane Wirbelsturm
hurry up sich beeilen
hurt schmerzen; verletzt(e)
husband Ehemann; Mann

Wörterliste Amerikanisch – Deutsch

I

I ich
ice Eis
ID Ausweis
identity card Ausweis
if ob; wenn (falls)
ill krank
illness Krankheit
imagine vorstellen
immediately sofort
import Einfuhr
important wichtig
impossible unmöglich
impression Eindruck
in in (örtl.); in (zeitl.)
in front vorne; vor
in order to damit; um zu ...
income Einkommen
industry Industrie
infect anstecken
inform informieren
information Information
inhabitants Einwohner
injured verletzt
injury Verletzung; Wunde
innocent unschuldig
insect Insekt
inspect untersuchen
insult beleidigen
insurance Versicherung
intelligent klug
interested in interessieren
interesting interessant
international international
introduce vorstellen
invitation Einladung
invite einladen
island Insel
it es
itself selbst

J

jail Gefängnis
jewelry Schmuck
join mitmachen
journalist Journalist
journey Reise
just genau
just about fast

K

keep behalten; erhalten
kept behielt, behalten *(von keep)*
key Schlüssel
kind Art
kiss küssen
knife Messer
knew kannte *(von know)*
know kennen; wissen
known gekannt, gewusst *(von know)*

L

lake See
lamp Lampe
landscape Landschaft
language Sprache
large groß
last letzte
last name Familienname
late spät
laugh lachen (über etw.)
law Gesetz; Recht
lawyer Anwalt
lay legen; liegen
lazy faul (träge)
leaf Blatt
leaflet Prospekt
learn lernen
leave abfahren; abreisen; weggehen
left links; übrig; ging; gegangen *(von leave)*
less weniger
let lassen; ließ; gelassen
letter Brief; Buchstabe
license plate Nummernschild
lie lügen
life Leben
lift heben; hob; gehoben
light hell; leicht; Licht
lightening Gewitter
like gefallen; gern; wie; wollen
line Schlange (anstehen)
listen zuhören
little klein; wenig
live leben; wohnen
local regional
long lang
look aussehen
look for suchen
loose verlieren (Dinge)
lost verloren
loud laut
love lieben
low niedrig
luck Glück
lunchtime Mittag

M

made machte; gemacht *(von make)*
mail Post
main Haupt-
make machen
make a reservation reservieren
make a slip sich versprechen
man Mann

many viel
map Karte
market Markt
marriage Hochzeit
may dürfen
maybe vielleicht
medicin Medikament
meet treffen; verabreden
meeting Verabredung
member Mitglied
memorial Denkmal
memorize sich merken
men Männer
message Nachricht
met traf; getroffen *(von meet)*
middle Mitte
minute Minute
mirror Spiegel
Miss Fräulein
mistake Fehler
modern modern
moist feucht
mom Mutter
money Geld
month Monat
more mehr; über
morning Morgen; Vormittag
mostly meist
motel Motel
mother Mutter
motor home Wohnmobil
motorbike Motorrad
motorboat Motorboot
motorhome Wohnmobil
mountain Berg
mountain range Gebirge
movie theater Kino
movies Kino
Mr. Herr
Mrs. Frau
Ms. Frau
mufler Auspuff
museum Museum
music Musik
must müssen
my mein/e
myself selbst

N

nail polish Nagellack
nail polish remover Nagellackentferner
name Name
napkin Serviette
narrow eng; schmal
nartural natürlich
nation Volk
nationality Staatsangehörigkeit
native Ur-
nature Natur
near nah
necessary notwendig
need brauchen
needle Nadel
never niemals
new neu
newspaper Zeitung
next nächste
next to neben
night Nacht
no nein
nobody niemand
noisy laut
noon Mittag
normal normal
north Norden
not nicht
not allowed verboten (sein)
not guilty unschuldig
nothing nichts
notify benachrichtigen
now jetzt
nowhere nirgendwo/-hin
nude nackt
number Nummer

O

ocean Meer
of von
office Behörde; Büro
often oft
oil Öl
ointment Salbe
ok einverstanden
old alt
on auf; in
on time pünktlich
once einmal
once agaon noch einmal
one man
one another einander
oneself selbst
only einfach; nur
open auf; geöffnet; öffnen
operator Vermittlung
opinion Meinung
opposite from gegenüber
or oder
order bestellen
order Bestellung
organ Organ
organize organisieren
our unser/e
ourself selbst
out aus
over aus; über
owner Besitzer

P

pack Päckchen
package Paket
packet Päckchen
pain Schmerz
paint malen

painting Bild
pair Paar
paper Papier
parents Eltern
park Park; parken
parking (lot) Parkplatz
party Feier; feiern; Fest
pass überholen
passport Pass
past nach; über
pastries Gebäck
patient Patient
pay bezahlen
pay zahlen
peace Frieden
ped xing Achtung Zebrastreifen!
pencil Bleistift
people Leute; Volk
permit Erlaubnis
person Mensch; Person
phone Telefon
picture Bild
piece Stück
pill Tablette
pissed off sauer
place Ort; Stelle; stellen
places of interest Sehenswürdigkeiten
plan Plan
plane Flugzeug
plant Pflanze
platform Bahnsteig
play spielen
poison Gift
poisonous snake Giftschlange
police Polizei
polite höflich
politics Politik
poor arm
popular beliebt
population Bevölkerung
position Lage (geogr.)
possible möglich
post office Post(amt)
postcard Postkarte
practise üben
precise genau
pregnant schwanger
prepare vorbereiten
present Geschenk
price Preis
private privat
problem Problem
profession Beruf
program Programm
prohibited verboten (sein)
promise versprechen
pronunciation Aussprache
proof Beweis
property Eigentum
propose vorschlagen
pub Gaststätte
pull ziehen
punctual pünktlich
punish bestrafen
punishment Strafe
pupil Schüler(in)
pus Eiter
push drücken
put stellen; stellte; gestellt

Q

quality Qualität
quantity Menge; Quantität
queer homosexuell
question Frage
quick schnell
quilt Decke
quit aussteigen; verlassen; stieg aus; verlies; ausgestiegen; verlassen
quite ganz

R

radio Radiogerät
rain Regen
raising heraufbringen
ran rannte; gerannt *(von run)*
rarely selten
raw roh
read lesen; las, gelesen
ready fertig
really echt
reason Grund
recommend empfehlen
record Schallplatte
reduce verringern
region Gegend
register registrieren
relax entspannen
remember erinnern, sich
rent mieten; vermieten; mietete; vermietete; gemietet; vermietet
repare reparieren
repeat wiederholen
replace wechseln
rest Ruhe
restaurant Restaurant
restroom Toilette
return trip Rückfahrt
rich reich
ride fahren
right genau; Recht; rechts; richtig
rights Rechte
ripe reif
river Fluss
roof Dach
room Raum
room Zimmer
rope Seil
rotten faul
rubber Kondom
run laufen

S

sad traurig
safety Sicherheit
said sagten
salt Salz
sand Sand
sang sang; gesungen *(von sing)*
sanitary napkin Binde
save aufheben; sparen
saw sah; gesehen *(von see)*
say sagen
schedule Fahrplan
school Schule
scissors Schere
sea Meer
search suchen
season Jahreszeit
seasonings Gewürze
second Sekunde
see sehen
seen gesehen *(von see)*
seems scheint
seldom selten
sell verkaufen
send schicken, senden
sense Verstand
sent schickte; geschickt *(von send)*
sentence Satz
shall müssen; sollen
she sie (Ez.)
sheet Blatt
sheets Laken
ship Schiff
shoot schießen
shop Geschäft (Laden)
short kurz
shot Spritze; schoss; geschossen
show zeigen
shower Dusche
sick krank
side Seite
sidewalk Bürgersteig
sign unterschreiben
silk Seide
silver Silber
similar ähnlich
simple einfach
simply einfach
since seit
sing singen
single ledig
sister Schwester
sit sitzen
sit down scih setzen
size Größe
skies Skier
skinny dünn
sleep schlafen
sleeping bag Schlafsack
sleeveless ärmellos
slept schlief; geschlafen *(von sleep)*
slow langsam
small klein
smart klug
smell Geruch; riechen
smile lächeln
smoke rauchen
so so
soap Seife
soccer Fußball
society Gesellschaft
sold verkaufte; verkauft *(von sell)*
some ein bisschen; einige; etwas
somebody jemand
someone jemand
something etwas
sometimes manchmal
son Sohn
song Lied
soon bald
soup Suppe
south Süden
spare part Ersatzteil
speak sprechen
speed limit Geschwindigkeitsbegrenzung
spell buchstabieren
spice Gewürz
spicy scharf
spoke sprach *(von speak)*
spoken gesprochen *(von speak)*
spoon Löffel
sports Sport
spring Frühling
square Platz
stain Fleck
stairs Treppe
stamp Briefmarke
stand stehen
start abfahren
stay Aufenthalt; bleiben
steep steil
still noch
stone Stein
stood stand; gestanden *(von stand)*
stop anhalten; aufhören; halten
store Geschäft
story Geschichte
straight direkt
straight ahead geradeaus
strange fremd
street Straße
streetcar Straßenbahn
strong hart; stark
student Student
stupid dumm
style Stil
subway U-Bahn
success Erfolg
suddenly plötzlich

Wörterliste Amerikanisch – Deutsch

suitcase Koffer
sum Summe
summer Sommer
sun Sonne
sure sicher
surely sicher
surroundings Umgebung
swam schwamm *(von swim)*
sweat schwitzen
sweet süß
swim schwimmen
Swiss Schweizer(in)
Switzerland Schweiz
swum geschwommen *(von swim)*

T

take dauern; nehmen
taken genommen *(von take)*
take pictures fotografieren
take-off abfliegen
talk reden
tall groß; hoch
taste kosten
tasty schmackhaft
tax Zoll
taxi Taxi
teach unterrichten
techer Lehrer(in)
teens Jugendliche
telegramm Telegramm
television Fernsehgerät
tell erzählen
tent Zelt
term Begriff
than als; wenn
thank danken
thanks danke
that dass; jener
the der; die; das
the day after tomorrow übermorgen
the day before yesterday vorgestern
theater Theater
their ihr/e
themselves selbst
then dann
there da; dort
therefore darum; deshalb
these diese(r,s)
they sie (Mz.)
thick dick
thin dünn
thing Ding; Sache
think denken
thirsty durstig
this dies
this kind of solch(e,er,es)
this type of solch(e,er,es)
thread Faden
through durch (hindurch)
throw up übergeben, sich
thru durch (hindurch)
ticket Fahrkarte; Flugticket
ticket fee Fahrpreis
time Zeit
tiny winzig
tip Trinkgeld
tire Reifen
tired müde
to damit; nach
tobacco Tabak
today heute
together zusammen
toilet Toilette
toilet paper Toilettenpapier
told erzählt(e); *(von tell)*
tomorrow morgen
too auch; zu (sehr)
took nahm *(von take)*
too much zuviel
toothpaste Zahnpasta
tought lehrte; gelehrt *(von teach)*
tow a car abschleppen
tower Turm
town Stadt
toys Spielzeug
trade Handel
tradition Tradition
train Eisenbahn; Straßenbahn; Zug
train station Bahnhof
transfer Überweisung
translate übersetzen
translator Dolmetscher; Übersetzer
trash Müll
trash can Mülleimer
travel reisen
travel agent Reisebüro
treat behandeln (Krankh.)
tree Baum
trip Reise
truck LKW
true wahr
trunk Kofferraum
try kosten; versuchen
TV Fernsehgerät

U

ugly hässlich
umbrella Regenschirm
uncle Onkel
unconcious bewusstlos
under unter
understand verstehen
undress ausziehen
unfamiliar unbekannt
university Universität
unknown unbekannt
until bis
up oben
upstairs oben
urgent dringend
useful nützlich

V

vacancy Zimmer, frei
vacation Ferien; Urlaub
vacuum cleaner Staubsauger
valid gültig
valley Tal
vegetables Gemüse
veggies Gemüse
vehicle Fahrzeug; Wagen
very sehr
victim Opfer
view Aussicht
village Dorf
visit besichtigen; besuchen
visitor Besuch
voice Stimme

W

wage Lohn, Gehalt
wait warten
wake up aufwachen; wecken
walk gehen; laufen
wall Wand
want wollen
warm herzlich; warm
warning Warnung
was (er, sie, es) war *(von be)*
wash waschen
watch Uhr
water Wasser
way Weg
we wir
weak schwach
weather Wetter
wedding Hochzeit
week Woche
weight Gewicht
well gut
went ging *(von go)*
were (wir, ihr sie) waren *(von be)*
west Westen
wet nass
what was
when als; wann
where wo
where from woher
where to wohin
which welcher
while während
who wer
whole ganz
whose wessen
why warum
wide breit; weit
wife Ehefrau
wild wild
will werden
wind Wind
window Fenster
windshield Windschutzscheibe
windshield (car) Fensterscheibe (Auto)
winter Winter
wire Telegramm
wish wünschen
with mit
without ohne
woke weckte *(von wake)*
woken geweckt *(von wake)*
woman Frau
wood Holz
word Wort
wore trug *(von wear)*
work arbeiten
worker Arbeiter(in)
worn getragen *(von wear)*
would würde *(von will)*
wound Wunde
wrench Schraubenschlüssel
write schreiben
written geschrieben *(von write)*
wrong falsch
wrote schrieb *(von write)*

Y

year Jahr
yell rufen; schreien
yes ja
yesterday gestern
yet noch
you du; man; Sie
young jung
your dein/e; euer/e
yourself selbst
yummy schmackhaft

Z

zip code Postleitzahl

Die Autorin

Elfi H. M. Gilissen (geboren 1969) ist studierte Diplom-Übersetzerin für Chinesisch und Indonesisch, befasst sich aber als freiberufliche Autorin und Lektorin mit vielen Sprachen und somit Ländern der Welt. Die Liebe zu Sprachen wurde ihr schon vom niederländischen Vater und der flämischen Mutter in die Wiege gelegt.

Eigentlich auf Südwestchina und vor allem Tibet eingeschworen, wurde durch die zufällige Begegnung mit einem Australier ihr Interesse am fünften Kontinent geweckt. Seit der ersten gemeinsamen Reise nach Australien im Jahr 2000 fährt sie auch weiterhin regelmäßig ein- bis zweimal jährlich für längere Zeit durch den Kontinent *down under*. Am Niederrhein aufgewachsen, lebt Elfi Gilissen heute in den Niederlanden.

Weitere bei Reise Know-How erschienene Titel der Autorin sind „Kulturschock Australien", „Australien Auswanderer-Handbuch", „Australiens Outback und Busch entdecken", „Sydney und seine Nationalparks", „Englisch für Australien Wort für Wort", „Flämisch Wort für Wort", „Amerikanisch Wort für Wort", „Niederländisch Slang" und das in englischer Sprache verfasste „German Slang". Weitere Buchprojekte zum Thema Australien sind schon in Arbeit.

Englisch für Australien
ISBN: 978-3-837-6500-3

Flämisch
ISBN: 978-3-837-6497-6

Niederländisch Slang
ISBN: 978-3-89416-461-4